D0946117

Creada a su imagen:

Una pastoral integral

para la mujer

Agustina Luvis Núñez

AETH

ABINGDON PRESS / Nashville

CREADA A SU IMAGEN: UNA PASTORAL INTEGRAL PARA LA MUJER

Derechos reservados © 2012 por Abingdon Press

ISBN-13: 978-1-4267-5706-8

12 13 14 15 16 17 18 19 20 21–10 9 8 7 6 5 4 3 2 1
HECHO EN LOS ESTADOS UNIDOS DE NORTEAMÉRICA

Contenido

Introducción

Un seminarista conversaba con la Facultad que evaluaría su trabajo final para graduarse de Maestría en Divinidad. Ya casi al final de la plática le preguntan: «¿Por qué crees que nunca ha habido una mujer como pastora general de tu denominación? ¿Qué opinas al respecto? El candidato a pastor contestó sin vacilar: «Realmente creo que no hay ninguna mujer preparada para ese puesto. Me da igual que la persona sea mujer u hombre, lo que importa es que pueda hacer bien el trabajo». A lo que un colega le plantea: «Si tú ofrecieras un solo plato de comida a personas que tienen hambre, entre ellas una anciana, una persona con discapacidad, un niño, un hombre saludable y decidieras que todas se colocaran a igual distancia del plato, para que la primera que llegara lo tomara. ¿Crees que todas estarían en igualdad de condiciones para hacerlo por el único hecho de que están a misma distancia del plato? ¿No crees que para que la situación fuera más justa deberías ayudar a las personas con menos posibilidades? ¿A quién proveerías ayuda para darle igual oportunidad?».

Este libro responde a la necesidad de proveer herramientas bíblico-teológicas a más de la mitad de las personas que asisten a nuestras iglesias. Por mucho tiempo hemos creído que las mujeres están siendo pastoreadas en igualdad de condiciones porque teóricamente así debiera ser. No hay iglesia que no testifique de la presencia, trabajo y tesón de las mujeres en todos los ámbitos de trabajo y servicio eclesial. Sin embargo, pocas veces nos preguntamos si nuestro ministerio es integral y pertinente a las necesidades y esperanzas de estas mujeres que son parte del cuerpo de Cristo. Mi conciencia surge de la experiencia de ser una mujer nacida y criada en el seno de la iglesia, con modelos de mujeres trabajadoras y dedicadas al proyecto de Dios. Estas líderes, que al igual que la viuda en el templo, han dado más que todos (Lc 21:3), se han convertido en una comunidad que hoy inspira esta contribución a la «Serie Ministerio». Reconocemos que la Biblia tiene un mensaje de liberación para toda la humanidad y que la buena noticia de vida en abundancia incluye a hombres y mujeres, por lo mismo presentamos este trabajo con la oración de que se sume a todos aquellos que intentan construir un mundo más parecido al reino de Dios y su justicia.

Luego de muchos siglos de silencio, las mujeres de la iglesia, comienzan a pronunciarse sobre su fe, su identidad como parte del cuerpo de Cristo, pero también sobre su rol en la historia y sus necesidades físicas, emocionales, y espirituales.

Reflexionar sobre la pertinencia de una pastoral integral para la mujer requiere una ojeada al papel histórico de la misma en la Biblia. La primera parte de este libro revisa este rol, que se caracteriza por sus luchas con fe y esperanza, creando comunidades liberadoras para ellas y sus familias. El capítulo 1 aborda a la situación de las mujeres en el Antiguo Testamento, para considerar aspectos básicos de su vida religiosa, destacando su participación en el ámbito doméstico pero también en la vida pública. Además, enfoca en el ministerio de Jesús entre las mujeres y su práctica a favor de la dignidad de las mujeres. Todo ello en clara oposición a la cultura y religión de sus días. Este capítulo también arroja luz sobre la participación de las mujeres en la iglesia originaria y los espacios de reivindicación que proveen los escritos del Nuevo Testamento para ellas. En el capítulo 2, exploramos la situación actual que viven las mujeres; una situación de violencia, injusticia económica, falta de acceso a la salud sexual y reproductiva, sujeto de opresión al igual que la naturaleza, e invisibilidad en la iglesia. Cómo atender pastoralmente estas realidades será el tema principal del capítulo 3. En el mismo, esbozaremos cuál debe ser la respuesta desde la fe, el evangelio y la pastoral. La segunda parte del libro presenta propuestas litúrgicas, educacionales y pastorales que atiendan integralmente las necesidades y prioridades de esta parte del cuerpo de Cristo, creada a imagen de Dios y por lo tanto, digna de una pastoral también diseñada a su imagen.

PRIMERA PARTE

Aspectos bíblico-teológicos de la pastoral de la mujer

¿Por qué una pastoral de la mujer?

Algunas de las personas que intentan encontrar una justificación a la explotación, marginación, y violencia que sufre la mujer en la historia aducen que la misma tiene sus raíces en el testimonio bíblico. Argumentan que las Escrituras tanto judías como cristianas surgen en un mundo patriarcal, centrado en la figura del varón y contienen algunos textos que avalan la invisibilidad de las mujeres. Sin embargo, en este capítulo intento resaltar las tradiciones tanto del mundo del Antiguo Testamento, como del Nuevo Testamento que nos ofrecen pautas para celebrar la equidad.

La mujer en el Antiguo Testamento

La presencia y la voluntad de las mujeres que brotan de las páginas de las Escrituras de Israel son sorprendentes, dado el contexto patriarcal del mundo antiguo en general. Desde los textos de la creación en Génesis hasta el período conocido como «post exílico», al que corresponden los libros proféticos, encontramos relatos que de alguna manera providencial se infiltraron en las memorias del pueblo. Hoy los repasamos para afirmar la imagen de Dios en las mujeres y el lugar que deben ocupar en la sociedad, la familia, la iglesia y el cuidado pastoral.

El relato de Génesis 2, que alude a la creación del hombre primero y la mujer en segundo lugar, se ha interpretado como si indicara una posición de inferioridad de la mujer. A pesar de esto, una lectura más responsable de los relatos de la creación revela igualdad de condiciones: varón y hembra los creó, a imagen de Dios les creó (Gn 1 27-29). Dios crea a la mujer y la considera como la ayuda perfecta para el hombre. La palabra en hebreo que se utiliza para ayuda es la misma que se usa en la Biblia para designar a Dios como el ayudador de Israel. La palabra idónea apunta a una imagen exacta como la que surge de un espejo. Es por esta razón que al verla Adán le llama varona, igual a mí pero en femenino (González y Maldonado 2002, 61). Contrario a los animales a quien él pone nombres como señal de dominio, a ella la considera su igual. Pero no solamente se recalca la supuesta inferioridad de la mujer; también se le culpabiliza por introducir el pecado en el mundo a partir de una lectura de Génesis 3. Es común escuchar que Eva indujo a Adán a pecar, que el mal proviene del deseo sexual y, específicamente, del cuerpo de la mujer. Desde hace miles de años se insiste en culpar a la mujer, aún cuando hoy afirmamos que Dios crea a la mujer y que los versículos 16 al 19 muestran que a los ojos de Dios ambos fueron igualmente culpables y por eso reciben ambos castigo. No es de extrañar que desde entonces para controlar a la mujer haya que silenciarla, invisibilizarla, dominarla, castigarla y hasta matarla. Pero desde el Génesis nos sorprende la atención que dedica el Antiguo Testamento a las mujeres, a pesar del contexto patriarcal.

Al Dios de Abraham, Isaac y Jacob también lo invocan mujeres como Sara, Agar, Rebeca, Raquel y Lea. Estas mujeres y sus iniciativas tuvieron un impacto directo en el desarrollo de la historia sagrada. Dios les habla, se les revela y las tiene presente. Agar, una mujer esclava, extranjera y negra, es la primera persona que tiene un encuentro con Dios, cuando angustiada huye al desierto con su hijo en brazos. Dios le sale al encuentro, al igual que hace hoy con las muchas mujeres que tienen que huir de escenarios de abuso y opresión, y la restituye a través de promesas similares a las hechas a Sara y a su hijo Isaac.

La historia de la liberación de la esclavitud del pueblo de Israel en Egipto puede considerarse una historia de estrategias, sabiduría y responsabilidad con la comunidad de mujeres valientes y decididas. Moisés logra llegar a ser el gran liberador de su pueblo gracias a una línea ininterrumpida de mujeres que propician su seguridad, protección y su vida misma desde que nace. Las parteras Sifra y Púa burlan el poder del Faraón. Séfora su madre, María su hermana, la criada de la hija del Faraón y la hija del Faraón dejan meridianamente claro la sabiduría de las mujeres para la planificación, estrategia y capacidad de alianza sin competencia, a fin de preservar la vida.

Rahab negocia con los espías a nombre de su familia. Jael y Débora se unen para que se haga justicia en Israel. Débora como jueza, dirige una victoria sobre los cananeos, y Jael como mujer valerosa, se enfrenta al enemigo sin titubeos (Jue 4:4-24). Hulda es una profeta a quien los sacerdotes consultan en la época del rey Josías y en tiempos del profeta Jeremías (2 R 22:11-20). ¿Qué podemos decir de una Ana que toma la decisión de dedicar a su hijo Samuel al servicio de Dios? Rut y Tamar toman la iniciativa para preservar la herencia de sus familias. En todos estos ejemplos vemos mujeres presentes tanto en la vida doméstica como en la vida pública trabajando mano a mano junto a los hombres por la libertad y la justicia, pero también las vemos solas únicamente dirigidas por la confianza en el Dios que las crea, las dirige, las cuida y las hace parte de sus proyectos.

LA MUJER EN EL NUEVO TESTAMENTO

La revelación de Dios en Jesucristo inaugura una nueva vida libre de culpas para todos y todas. El trato de Jesús hacia las mujeres se puede considerar revolucionario. Las llama y elige como discípulas, las envía como apóstolas, les permite sentarse a sus pies para que reflexionen teológicamente, las toca, las sana, las dignifica, las defiende y les brinda su cuidado pastoral. En una sociedad en que las mujeres estaban excluidas de la educación, de los círculos sociales y políticos, y de los lugares sagrados, Jesús rompe con esta situación de exclusión y desafía el orden de su tiempo. Exploremos solamente algunos encuentros de Jesús con mujeres para evidenciar su interés en la liberación y el cuidado hacia ellas. Los evangelios nos reseñan por su nombre algunas de las discípulas de Jesús: María Magdalena, Juana, Susana y muchas otras que le seguían y servían (Lc 8.1-3).

Jesús no vivía en soledad, por el contrario, disfrutaba de cultivar relaciones de amistad con hombres y mujeres. Una estrecha relación lo unía a una familia no tradicional de dos hermanas y un hermano: Marta, María y Lázaro (Jn 11:1-44). Esto nos dice mucho en una sociedad donde las relaciones afectivas estaban muy limitadas. La interpretación de la ley dificultaba el contacto entre personas que pertenecían a grupos sociales diferentes, entre hombres y mujeres, sanos y enfermos, judíos y no-judíos. A María le interesaba mucho escuchar a Jesús aunque a las mujeres no les era permitido estudiar, pues según la cultura judía y la grecorromana la educación le correspondía exclusivamente a los varones. No obstante, Jesús estimó que enseñar a estas hermanas era validarlas como personas con iguales capacidades que los varones. El Maestro abrió el espacio para estudiar, preguntar, y discutir con las mujeres a fin de que ellas pudieran sacar a relucir sus dones. Los espacios habituales y cotidianos de las mujeres –aquellos donde la tradición las recluía fueron transformados por Jesús en espacio de estudio, de libertad y de creatividad. Es esta oportunidad de crecimiento que produce a una Marta de convicciones teológicas muy profundas que dialoga con Jesús y elabora una confesión de fe más contundente y elocuente que la de Pedro, pero que pocas veces se enfatiza: «Tú eres el Cristo, el Hijo de Dios, el que habría de venir» (Jn 11:27). Jesús comparte el espacio con esta mujer y ella responde como una discípula pensante y aventajada. El Maestro consideró que era un legado bueno para las mujeres y que nadie debía quitárselo. Ésta no es la única vez que el evangelio relata la sensibilidad, atención y amistad de Jesús por estas mujeres. Uno de los mitos de nuestras culturas afirma que un hombre no puede tener relaciones de amistad con mujeres. Sin embargo, Jesús no tuvo reparos en identificarse con Marta y María en momentos buenos pero también cuando amenazaba la soledad, el dolor y la falta de provisión que representaba la muerte de su hermano Lázaro. Jesús se hace presente y acompaña a estas hermanas demostrando en un diálogo sin palabras el amor que sentía por ellas y su hermano. Las lágrimas en Jesús echan por tierra otro de los mitos que desensibilizan a nuestros hombres: los hombres no lloran. El maestro da muestras de humanidad y valoración de los afectos al llorar con ellas.

Para Jesús las mujeres no pasaban desapercibidas, contrario a la cultura que le rodeaba. Un día mientras enseñaba en la sinagoga, entró una mujer que estuvo encorvada por 18 años. Él la nota, la llama para que se acerque y la sana. Los judíos creían que no se debía trabajar en sábado y Jesús la sanó en sábado. Esta mujer era excluida del lugar sagrado por ser mujer y también por estar enferma, lo cual era interpretado como producto del pecado según la ley. La sanidad de esta mujer afirma que la vida está por encima de la ley. Jesús instruye con esta sanidad sobre quién tiene acceso a Dios y sobre la dignidad y valor de una mujer ante los ojos de Dios. Con un cariño y sensibilidad extraordinaria, el Maestro la llama «hija de Abraham». Hasta ese momento Abraham solamente tenía hijos. El cuidado pastoral de Jesús incluyó liberación física y espiritual pero también restauración social.

Una de las razones para el sufrimiento y exclusión de las mujeres en la sociedad judía era el sistema de pureza. Según ésta, un enfermo, una mujer menstruando y un cadáver eran impuros. Jesús no acogió estas leyes, pues él sanaba en sábado, no se lavaba las manos, entraba y comía con gente considerada impura. La mujer era impura casi toda la vida, cada vez que menstruaba y cada vez que daba a luz, lo que significaba estar separadas de la comunidad.

Un día cuando Jesús iba camino a casa de Jairo, pues su hija estaba a punto de morir, aparece una mujer anónima entre la multitud. Esta mujer moría minuto a minuto pues desde mucho tiempo perdía sangre constantemente. Su salud estaba muy deteriorada con una enfermedad «de mujeres». Pero lo peor no era su enfermedad física sino la exclusión de la sociedad por considerarla impura. Nadie la tocaba, ni se le acercaba, y no había recibido la atención médica que necesitaba; por el contrario había gastado todos sus bienes en médicos sin resultados favorables. Quizás no se atrevía a pedirle a Jesús que la sanara porque había internalizado la exclusión de la cual era víctima. Por esta razón decide acercarse por detrás. Son las mujeres atrevidas, tercas e insistentes como ésta las que logran provocar cambios en la sociedad que las discrimina. Al atreverse a tocar a Jesús, la mujer violenta la norma de impureza. Jesús la delata y exige una confesión, pero no es para reprocharla, humillarla o reprenderla. Quiere que toda la comunidad sepa que las mujeres son dignas y que al ella tocarlo él no se convirtió en impuro, por el contrario, su virtud sanadora cambió la vida de esta mujer para siempre. Con el afecto y el cuidado que lo caracteriza le llama hija.

Jesús entiende las preocupaciones y sufrimientos de las mujeres de una manera extraordinaria, no solamente en términos de su salud, sino con relación a los males que aquejan a sus familias y también a sus pueblos. Como señalamos anteriormente, en la sociedad de la Palestina del siglo I la situación de las mujeres era muy crítica. Los textos bíblicos testifican del lugar al que estaban confinadas: solamente eran consideradas para la procreación y desempeñarse en el ambiente doméstico. No podían intervenir, ni siquiera en el Templo, en las labores del culto. Si la mujer era extranjera su situación era aún más difícil. Para el pensamiento israelita, las personas extranjeras significaban algo detestable; sus ritos, costumbres, tradiciones y visiones del mundo eran un agravio, a veces intolerable. Esto aún cuando las tradiciones ancestrales y la Ley de Moisés recuerdan la necesidad de ofrecer protección a las personas extranjeras.

El pasaje de la mujer sirofenicia lidia con el contexto de las ciudades fenicias de Tiro y Sidón, sospechosas de idolatría de acuerdo con los judíos (Mc 4:24-30). Jesús cruza las fronteras y llega hasta este territorio pagano. Está cansado, quizás hambriento, agotado de tanto hablar y atender a la gente que lo sigue. De repente, una mujer irrumpe en su camino para rogar por su hija, quien según ella que tenía un espíritu inmundo. Esta condición la marginaba de la comunidad porque la actitud excluyente de la tradición era tan fuerte que se tornaba incapaz de mostrar sensibilidad o solidaridad incluso ante un caso de enfermedad. Jesús le contesta utilizando el discurso teológico aprendido desde su cultura y religión judías: «Deja primero que se sacien los hijos, porque no está bien tomar el pan de los hijos y echarlo a los perros». Para todo varón judío, los extranjeros y las extranjeras no eran otra cosa que perros, idólatras, personas impuras y causantes de calamidades. Jesús, el hombre nacido en el seno del judaísmo y educado en los valores religiosos de su pueblo, pensó inicialmente que su misión estaba limitada a Israel («Por camino de gentiles no vayáis, y en ciudad de samaritanos no entréis, sino id antes a las ovejas perdidas de la casa de Israel» dice Mt 10:5-6). Sin embargo, esta mujer no se amilana, y sostenida por el amor inagotable que siente por su hija y guiada por su ingenio, su experiencia y su sentido común, le responde desde la teología de lo cotidiano. Ella sabe por experiencia que cuando hay voluntad de acogida, cuando lo que prima es el sentido de compasión y solidaridad, siempre se puede abrir un espacio para quien llega, y lo mucho o lo poco se multiplica para que toque a quienes se acerquen, para que nadie se quede desprovisto de lo necesario.

Esta mujer debe haber oído hablar de Jesús pues va tras él e insiste en acercársele, en hablarle. Ella tiene fe que en la mesa de Jesús hay comida para todos y todas y por lo tanto habrá para su hija. Por eso, utilizando los mismos términos que usa su interlocutor en su argumento para no ayudarla, les da la vuelta. Subvierte sus argumentos y, al hacerlo, saca a la luz una interpretación de la Ley más humana y más justa: «aun los perros, debajo de la mesa, comen las migajas de los hijos», propone. Su palabra ingeniosa y creativa invita a Jesús a salirse de su espacio de comodidad, a re-pensar su respuesta. Lo reta a reconocer que la vida personal y comunitaria pueden enriquecerse cuando se abren a las perspectivas, las voces, las miradas, las interpretaciones, las experiencias de las personas que por no pertenecer a nuestro círculo son excluidas, silenciadas o invisibilizadas.

Con sus palabras, esta mujer extranjera deja ver que su hija necesitaba ser sanada de una enfermedad, pero que la sociedad judía también necesitaba sanidad para no excluir a los demás. La mujer pagana y extranjera representa un reclamo de aceptación en esa nueva comunidad que Jesús vino a crear; una comunidad inclusiva y solidaria, donde la misericordia es más importante que la religiosidad. En este diálogo, el Maestro Jesús recibe una lección: se deja interpelar por la excluida, se abre al diálogo con ella, se sensibiliza con su realidad, aprende de ella, pero sobretodo reconoce que aunque no es judía, «grande es su fe». Es en el encuentro con una mujer extranjera que Jesús puede experimentar un cambio de perspectiva, hasta ese momento limitada. La insistencia de la mujer clarifica la universalidad de la misión de

Jesús. Al entrar en diálogo, Jesús descubre el modo novedoso de misión al que su Padre lo envía. El cuidado pastoral para la mujer requiere también escuchar lo que ellas tienen que decir, pues sus perspectivas pueden ser diferentes pero han de abrirnos la puerta a una misión más universal.

Las mujeres no solamente se preocupan y ocupan de sus familias sino también de sus pueblos. El relato del encuentro de la mujer samaritana con Jesús junto al pozo de Sicar es uno de los textos más comentados sobre todo por la apertura de Jesús a la diferencia y por el impacto misionero de esta historia (Jn 4:1-30). Samaritanos y judíos no se trataban por razones históricas. Los samaritanos eran una población mixta de judíos y no judíos. Además del prejuicio étnico existía el prejuicio religioso: los samaritanos adoraban a Dios fuera de Jerusalén. Finalmente ésta era una mujer, y un maestro judío no debía hablar en público con mujeres.

Llamar a alguien samaritano era un insulto y Jesús lo había experimentado (Jn 8:48). Así que Jesús a sabiendas entra en diálogo con alguien con quien no debía según la ley rabínica, una persona considerada impura y excluida por su origen, por su religión y por su género. Jesús se presenta ante ella como alguien vulnerable. Este hecho, el reconocerse como persona necesitada, acabó con las diferencias entre él y ella. Las urgencias básicas nos unen y nos invitan a ayudarnos mutuamente, echando así por tierra nuestras barreras. La mujer se sorprende ante el acercamiento del hombre porque Jesús no habla con la superioridad propia de los judíos frente a los samaritanos, ni con la arrogancia de los varones hacia las mujeres. Este acercamiento crea un clima nuevo, más humano y real. Al punto que de un diálogo en apariencia sencillo –pedir un poco de agua– pasan a uno más profundo sobre agua de vida, el don de Dios y sobre no tener sed jamás. Como para Jesús lo que importa es la persona, dirige el diálogo hacia la sencillez de la vida de esta mujer hasta hacerle confesar las injusticias que vive como mujer y que de este modo ella pueda ver la pertinencia de la oferta de Jesús a su contexto vital. El sentido del diálogo se modifica porque Jesús aborda el tema de su vida íntima.

Recordemos que en la sociedad judía una mujer no podía divorciarse, la iniciativa siempre correspondía al varón. A la mujer de esta historia, cinco varones la habían buscado para después deshacerse de ella. Si cinco maridos la habían repudiado, cinco veces había sido acusada, desamparada, privada de una relación necesaria para la subsistencia. Ahora otro hombre, que no es su marido, le estaba dando protección. La redime alguien a quien no le tocaba hacerlo, según la Ley.

Lo rico de este diálogo es que no sólo tiene repercusiones para esta mujer. Cuando ella descubre quién es el que habla con ella, aprovecha su apertura para pedirle que al igual que se ha identificado con las injusticias que afectan su vida, también mire a su pueblo que no tiene un lugar para adorar a Dios, porque los judíos intolerantes lo habían destruido en la época de los Macabeos. La oferta de agua de vida de Jesús, entonces incluye una afirmación de que lo que realmente importa no es el cómo, el dónde ni el cuándo se adora a Dios sino el tener una actitud de genuina entrega y celebración de la vida, en «espíritu y en verdad». Jesús tiene palabra de esperanza para su situación de vida, pero también atiende su reclamo ante el sufrimiento de su pueblo. En su diálogo Jesús reconoce a esta mujer como persona, cosa que ni la sociedad, ni la religión hicieron. Entonces ella, dejando el cántaro, va a mostrar ante la aldea que hay alguien que le ha dicho verdaderamente quién es, que la reconoció como persona y que la confrontó con el significado profundo de su vida. Jesús le dio sentido de verdad y coherencia a los actos y sufrimientos que parecían dispersos en su vida. Ahora esta mujer siente que bebió del agua que brota para vida eterna. Y dice el texto: «Mucha gente se convirtió por su testimonio». Evocar este encuentro es recordarle al pueblo de Dios que también hay que pedir de beber a las mujeres.

La atención y cuidado de Jesús hacia las mujeres incluyó pronunciarse en contra de leyes injustas para la mujer y afirmar la liberación de la misma muerte. Un día, mientras enseñaba en el templo, lo interrumpen escribas y fariseos y colocan en medio a una mujer sorprendida en adulterio para ser juzgada por todos. Aún cuando Levítico 20:10 indica que en estos casos ambos tienen que ser llevados a juicio, solamente llevan a la mujer. Le preguntan a Jesús si debían entrarle a pedradas como decía la Ley de Moisés o si en cambio lo desaprobaba como la ley romana. En otras palabras, la pregunta fue: «Jesús, ¿qué opinas de la pena de muerte?» Su respuesta: nadie puede matar a otra persona porque nadie es inocente. Todos los acusadores se fueron mientras Jesús se dirige a la mujer, quien quizás asustada esperaba una palabra de condenación. Sin embargo, Jesús con amor y compasión le reitera: «Yo no te condeno, vete y no peques más». ¡Así de gratuito es el cuidado sensible y transformador de Jesús!

Ser intencionales con el cuidado pastoral de las mujeres, con más de la mitad de la humanidad, requiere que se afirme la verdad de que la mujer no se encuentra al mismo nivel que el hombre en todas las esferas de la vida. Ello no corresponde ni a la práctica de Jesús ni a la historia de la iglesia de los primeros siglos. Tanto hombres como mujeres contribuyeron con sus dones a la extensión del reino de Dios y al servicio de toda la comunidad. La teología presentada en el evangelio de Marcos coloca a la niñez, las mujeres, las personas pobres y extranjeras como sujetos centrales en su escrito. El evangelio de Juan, fechado para el año 90 de la era cristiana, presenta un proyecto muy concreto en el que toda la comunidad, formada por judíos, extranjeros, mujeres, enfermos, esclavos y libres viven en un ambiente de armonía. Las mujeres –discípulas fieles que ocupan posiciones de liderato en funciones de coordinación– denuncian, anuncian, no se callan ni se acomodan ante el sufrimiento. El evangelio es un clamor en contra de la limitación de la participación de las mujeres en la vida y organización de las comunidades. Es el amor lo que les da la fuerza para soportar la persecución y hasta la muerte. ¡Cuántas de ellas pasan inadvertidas en nuestros sermones, estudios bíblicos y lectura de la Biblia!

Un colega aporta datos importantes para la pastoral de la mujer (Pérez-Álvarez 1997, 63-68). Junia o Julia, era la apóstola de la Iglesia de Roma (Ro 16.7). Los traductores varones masculinizaron su nombre para invisibilizarla. Ya desde Aegidus de Roma, (1245-1316) aparece como Junias. De no ser por Crisóstomo (c. 347-407) tal vez no la hubiéramos identificado. Julia participó de la cárcel junto con Pablo, y de la labor misionera en compañía de Andrónico. La autoridad de esta mujer era translocal.

Febe, (Ro 16.1,2) era la responsable, dirigente, presidenta, gobernadora, obispa o superintendente de la Iglesia de Cencrea. También era profesora (Col 1.2b).

Las cuatro profetas, eran hijas del diácono Felipe (Hch 21.9). En Hierápolis, Frigia, eran tan respetadas (Eusebio de Cesárea, trad. 1950, 31-39) que toda esta región traza su origen apostólico a partir de ellas.

Priscila fue quizás la autora de la Carta a los Hebreos. Fue profesora de teología del sabio Apolos y fabricante de tiendas. Predicadora en compañía de Aquilas, evangelista y colaboradora cercana de Pablo. Al igual que Ninfa en la Iglesia de Laodicea (Col 4.15), Tabita o Dorcas en la Iglesia de Jope (Hch 9.36) y la profeta de Tiatira (Ap 2.20), Priscila fue jefa de una iglesia casera.

Lidia fue la primera europea en convertirse al cristianismo. Era mujer de negocios, dueña de una casa-templo, de gran iniciativa, pilar de esta primera Iglesia (Hch 16.14, 40, Flp 4.10, 15, 16).

Podríamos mencionar muchas otras mujeres: Claudia, la madre de Rufus, Evodia y Síntique, María, la madre de Juan Marcos, Ninfa, Apia etc. Pero no es propósito de este libro.

Un día una de mis estudiantes indignada ante esta realidad del testimonio bíblico me increpó: «¿pero cuándo fue que se viró la tortilla?» Las cosas cambiaron cuando los valores de la sociedad patriarcal, sus formas jerárquicas de gobierno, la centralidad de la autoridad en el hombre se infiltraron en la iglesia y desplazaron a la mujer del lugar que Jesús le otorgó. La iglesia se heleniza y el emperador Constantino dejó sus huellas en los Concilios, edictos y credos de la Iglesia. Se crea una clase clerical exclusivamente masculina y el nuevo clero reactiva las normas de pureza del Antiguo Testamento que siempre fueron en contra de una visión igualitaria inclusiva de la mujer. Excluyen a las mujeres del lugar sagrado y vuelve a ser vista como símbolo de pecado y sensualidad. A los sacerdotes casados se les prohíbe tener relaciones sexuales con sus esposas. Se le niega la cena o eucaristía a las mujeres que hayan tenido relaciones sexuales y a las que estén menstruando. Las mujeres deben cubrirse el rostro y se vigilaba que los sacerdotes no tuvieran ningún contacto con alguna mujer. Se sataniza la sexualidad y por ende a la mujer.

Recuperar las historias de estas y muchas otras mujeres es el primer paso para articular una pastoral de la mujer contemporánea marcada por la violencia patriarcal, la injusticia salarial y la exclusión en general. Acerca de esto trataremos en el siguiente capítulo.

2

La cruda realidad de las mujeres

LA VIOLENCIA PATRIARCAL

En nuestras comunidades hispanas se suele decir que «los trapos sucios se lavan en casa». Cuando se habla de violencia hacia la mujer, también se intenta tratarla como un asunto familiar y privado, por lo que se relega a ese ámbito. La atención mundial a este asunto deja claro que no se trata de un asunto aislado sino de una situación estructural que afecta a mujeres de todo el mundo independientemente de su edad, situación social, nivel educacional, raza o afiliación religiosa. Para algunas personas la violencia hacia la mujer debe ser resuelta por las mujeres y así lo hacen ellas día a día a través de la sensibilización, concienciación, prestando servicios a víctimas y promoviendo políticas públicas que ayuden a la superación de este mal. Pero la realidad es que la violencia patriarcal no se detiene.

Para lograr efectos a corto y largo plazo es necesario que hombres y mujeres trabajen unidos en la construcción de comunidades de paz, de sanidad y esperanza. Desde el cristianismo es pertinente ver el problema no como uno de mujeres sino como uno de fe. Es en la iglesia que se afirma la imagen de Dios en la mujer y en el hombre; ambos comparten la responsabilidad de cuidar generosamente de toda la creación. Es en la iglesia que nos percatamos de la práctica de Jesús como una de dignificación de toda la raza humana. Es en la Iglesia en donde vivimos el Pentecostés, donde el Espíritu se derrama sobre hombres y mujeres, niños y niñas, como símbolo de igualdad. Toda práctica que atenta contra estas afirmaciones va en contra de la misma voluntad de Dios y por tanto es pecado. Lastimar a una mujer es herir el mismísimo cuerpo de Cristo. La violencia hacia la mujer es asunto de la iglesia. Por lo tanto, es en ella en donde compartimos la esperanza de transformación para las víctimas pero también en donde vislumbramos la posibilidad de arrepentimiento y conversión para los agresores.

Un tema de discusión cuando hablamos de violencia hacia la mujer consiste en cómo nombrarla. Por algún tiempo se le llamó violencia doméstica, ya que la que ocurre en el hogar es la forma más común. Sin embargo, si se quiere puntualizar en la mujer, esta manera de nombrarla diluye la realidad del problema porque, como diría una periodista, «violencia doméstica incluye hasta el gato». No quiero dejar de mencionar el hecho de que la violencia hacia la mujer afecta también a toda la gente que la rodea. También ocurre algo similar cuando se clasifica como violencia de género o sexista pues incluye todo género. Prefiero llamarla violencia patriarcal pues entiendo que está enclavada en las relaciones de poder y control. Siempre ocurre en un contexto cultural patriarcal donde el dominio y sometimiento de la mujer se tolera y se legitima aún con la Biblia en mano. La ideología patriarcal es el conjunto de ideas acerca de la sociedad y el mundo basadas en la pretendida superioridad masculina y que considera sus perspectivas e intereses como si fueran los del conjunto de la sociedad. Lo que es peor, este grupo dominante utiliza su fuerza y su poder para subordinar a otros grupos.

Las múltiples formas de esta violencia –desde la falta de recursos económicos, malos tratos, violación, tortura, esclavitud del hogar o sexual y hasta la muerte– nos llevan a la pregunta si se trata de que el hombre es hoy más violento o si sencillamente hoy estamos más conscientes de ella. Se ha intentado identificar los tipos de violencia hacia la mujer solamente con el fin de facilitar el diagnóstico, el tratamiento y la prevención, porque la verdad es que todas son terriblemente dañinas.

Puede ser física: golpear, quemar, patear, esterilización o abortos forzados, mutilar, dañar la propiedad, atentar, asesinar, etc. O también puede ser sicológica: aislamiento, chantaje afectivo, exclusión, rechazo, crítica, amenazas, corrupción, culpa y victimización. O entonces puede ser sexual: violación, incesto, acoso sexual, obligar a mirar pornografía o a ser objeto de ella, etc. Puede ser de índole económica: explotación, imposibilidad de acceder a recursos económicos, trata. O en su defecto, puede ser política: terrorismo, totalitarismos, genocidios, utilización como objeto de negociación. Y no olvidemos la religiosa.

Todas las mujeres del mundo han experimentado alguno o varios de estos tipos de violencia, sin dejar de mencionar a aquellas mujeres con discapacidad, las inmigrantes indocumentadas y las exiliadas, quienes son mucho más vulnerables. Según un indicador de Naciones Unidas, la agresión contra la mujer en todas sus manifestaciones provoca anualmente la pérdida de más de 10 millones de años de vida saludable. En el caso concreto de la violencia que ocurre en el hogar, el 95 % de las víctimas son mujeres. La violencia doméstica es la principal causa de lesiones y muerte en las mujeres de 15 a 44 años en Estados Unidos. Esta realidad se estudia desde diferentes campos del conocimiento y se detectan raíces culturales, políticas, económicas y también religiosas.

Nos compete como iglesia analizar cómo, desde nuestras teologías e interpretaciones bíblicas, hemos restado importancia –cuando no fomentado y legitimado– a la violencia contra la mujer. ¿Por qué la Biblia se utiliza para justificar la subordinación y la agresión hacia la mujer? Nuestro libro sagrado contiene un mensaje de salvación y de buenas noticias. La autoridad de las Escrituras no se encuentra ni en la tinta ni el papel. Reside en esa capacidad que tiene de provocar un encuentro con el Dios de quien ella da testimonio. Sus libros fueron escritos en diferentes épocas y recogen las reflexiones de muchos pueblos, por lo tanto cada uno de sus textos debe ser leído considerando su contexto histórico, social, político y religioso.

Esta maravillosa revelación ha sido colocada en «vasos de barro». Así que encontramos en sus páginas toda clase de vivencias y experiencias. Es a través de Jesucristo, el Verbo y la Palabra Viva de Dios, que podemos acercarnos al texto con un lente más comprensible. Para muchos creyentes bien intencionados es la Biblia quien establece que el varón es superior a la mujer. Para esto citan a Pablo, las leyes judaicas, etc.

Sí, en la Biblia podemos encontrar un versículo para justificar cualquier acción violenta que queramos llevar a cabo: Abraham miente y presenta a Sara como su hermana a fin de evitarse problemas con el faraón (Gn 1:10-20). Lot ofrece a sus hijas vírgenes a los hombres para salvar a sus huéspedes de los propósitos lascivos (Gn 19:8). Abraham expulsa a Agar y su hijo al desierto, exponiéndoles a la muerte y con toda su riqueza le da por pensión alimenticia un pedazo de pan y un odre de agua (Gn 21:10-14). Violan a Dina y Tamar (Gn 34 y 38). Jefté sacrifica a su hija para cumplir con un voto que hizo a Dios (Jue 11:34-40). Asesinan y cortan en 12 pedazos a la concubina del levita (Jue 19 y 20). El rey David utiliza su posición privilegiada para violar a Betsabé y asesinar a su marido (2 S. 11).

Por otra parte también tenemos relatos de violencia ejercida por mujeres sobre otras mujeres y sobre hombres, pero no se compara con la violencia patriarcal. Si queremos ir al grano y encontrar la revelación puesta en vasos de barro, debemos leer la Biblia atendiendo a lo que dice y hace Jesús, quién conoce la voluntad del Padre, porque él y el Padre son uno solo. Dios y sus propósitos redentores son el mensaje principal de la Biblia. Ya vimos en el capítulo anterior cuántas veces Jesús con su práctica les recuerda a sus discípulos y discípulas: «Oísteis que fue dicho a los antiguos: "No matarás", y cualquiera que mate será culpable de juicio. Oísteis que fue dicho: "No cometerás adulterio". Además habéis oído que fue dicho a los antiguos: "No jurarás en falso, sino cumplirás al Señor tus juramentos". Oísteis que fue dicho: "Ojo por ojo y diente por diente". Oísteis que fue dicho: "Amarás a tu prójimo y odiarás a tu enemigo"» (Mt 5:21, 27, 33, 38, 43). Y otra vez: «Pero no será así entre vosotros, sino que el que quiera hacerse grande entre vosotros, será vuestro servidor» (Mc 10:43). El discípulo no es más que el Maestro. Jesús rompió con todo esquema opresivo. Él es la plenitud de la revelación divina y por eso nos da la perspectiva adecuada para nuestro trabajo eclesial y pastoral. Lamentablemente todavía hoy hay «fariseos» que prefieren no atender al mensaje de Jesús con relación a las mujeres.

VIOLENCIA ECONÓMICA

Si bien es cierto que mujeres mueren todos los días, no es menos cierto que las estadísticas se quedan muy cortas cuando se consideran otras muertes más lentas, dolorosas y silenciosas. La pobreza económica, la explotación laboral y la esclavitud doméstica son algunas de ellas. Estas realidades tienen una incidencia en: el deterioro de la salud física y mental, en la violencia patriarcal, en lo inaccesible de la educación, en la discriminación laboral y bajos salarios, y en el nulo poder en toma de decisiones e invisibilidad en los medios de comunicación (Tamez 2001, 17). Para el 1980, las Naciones Unidas afirmaban que aunque las mujeres trabajaban dos tercios del total de las horas laborales en el mundo, recibían el 10% de los salarios y beneficios y disfrutaban del 1% de la propiedad (Naciones Unidas 1991). Tradicionalmente las mujeres protagonizan la pobreza debido a diversos factores: menor paga que los varones por el mismo trabajo y con la misma preparación, mayor desempleo, el trabajo doméstico tan precario, la explotación de la doble jornada, mayor analfabetismo y peor alimentación.

Hoy añadimos una nueva pobreza. Ésta es provocada por el neoliberalismo que propone entre otras cosas la transformación del rol del Estado, al reducir drásticamente su intervención en la economía. Para ello privatiza las empresas estatales y los servicios de seguridad, intentando reducir el gasto público. Ya el estado no es el responsable de los derechos básicos de la sociedad como lo son la salud, la educación, los servicios de seguridad social (como el cuido de la niñez, entre otros). Además del daño al ambiente y los recursos naturales, pues estas compañías privadas tienen toda clase de exenciones de parte del gobierno. Incide en esta realidad el aumento de las familias monoparentales, en su mayoría encabezadas por mujeres: 100,000 casos nuevos anualmente en los Estados Unidos. Al reducir las ayudas estatales—como las guarderías o centros de cuido infantil y la atención a la ancianidad en el hogar, espacios en donde tradicionalmente trabajan mujeres—las posibilidades de empleo de las mujeres se minimizan. En el centro de este nuevo orden económico está el capital y no los seres humanos.

La Organización de las Naciones Unidas resume algunos datos oficiales de la realidad de injusticia económica que viven las mujeres (1995, 2005):

- Las mujeres constituyen cerca del 70 % de los 1300 millones de pobres en el mundo.
- Las mujeres indígenas son las más pobres entre las pobres.
- Un tercio de las familias alrededor del mundo tienen una mujer a la cabeza. En Estados Unidos casi la mitad de todas las familias pobres son sostenidas por mujeres solas con un porcentaje de ingresos 23% menor a la línea de pobreza oficial.
- De cada 100 analfabetas del mundo, 66 son mujeres.
- De 130 millones de infantes sin acceso a la educación elemental o primaria, 81 millones eran niñas.
- De cerca de 500 millones de niños que comienzan la escuela elemental más de 100 millones desertan antes del cuarto grado y dos tercios son niñas.
- Se estima que 450 millones de mujeres en los países en desarrollo presentan malnutrición en la niñez.
- Más de dos millones de niñas sufren mutilación genital cada año.
- La mujer constituye el 40% de los adultos infectados por el virus de SIDA
- Al menos medio millón de mujeres mueren anualmente por complicaciones en el embarazo y otras 100,000 mueren a causa de abortos inseguros.
- En Estados Unidos, una mujer sufre abusos físicos cada 8 segundos y otra es violada cada 6 minutos.
- Cuando existen conflictos armados, las mujeres son tomadas como armas de guerra, víctimas de tortura, desaparición y violación.
- Las mujeres y sus dependientes representan el 80% de los 23 millones de refugiados en el mundo.
- Aún cuando son las productoras principales de alimentos, el trabajo de las mujeres es subvaluado y mal pagado.
- Se calcula que de 100 horas de trabajo en el mundo, 67 las realizan mujeres, pero reciben únicamente el 9.4 % de los ingresos.

- La proporción de las mujeres en la toma de decisiones gubernamentales de alto nivel es del 6.2%, de las que solamente el 3.6% está en áreas relacionadas a la economía. En 144 países de la ONU no existen mujeres en esas áreas.
- A nivel corporativo, las compañías de EE.UU. cuentan con 8 mujeres por cada 100 hombres en puestos directivos.
- En las 100 corporaciones más grandes fuera de EE. UU. sólo una mujer por cada 100 varones es ejecutiva.
- En la ONU, de los 186 representantes permanentes, solamente 6 son mujeres.

Estas estadísticas reflejan que la inequidad económica no sólo persiste sino que se agudiza con el paso del tiempo (Tamez 2001, 23-31).

VIOLENCIA SEXUAL

La sexualidad es una de las dimensiones de nuestra vida. Todo ser humano tiene el derecho de disfrutar de una vida sexual sana, con igualdad de oportunidades y acceso a ella. Desafortunadamente el tema de la sexualidad todavía continúa siendo un tabú en nuestras iglesias. La sexualidad y la reproducción están íntimamente ligadas a la calidad de vida, tanto en el ámbito de lo individual como de lo social.

Las repercusiones en la salud pueden ser un resultado directo de la violencia o un efecto a largo plazo de la misma:

- Traumatismos: Los abusos físicos y sexuales infligidos por la pareja conllevan traumatismos muy a menudo. La violencia de pareja es la principal causa de traumatismos no mortales entre las mujeres en los Estados Unidos.
- Muertes: Las defunciones por violencia contra la mujer comprenden los asesinatos por honor (cometidos por familiares por razones culturales); el suicidio; el infanticidio femenino (asesinato de niñas lactantes); y las muertes maternas por abortos inseguros.
- Comportamientos de riesgo: Los abusos sexuales durante la infancia se asocian a tasas más altas de prácticas sexuales de riesgo (como la precocidad de la primera experiencia sexual, la promiscuidad y las relaciones sexuales sin protección), el

uso de sustancias y una mayor victimización. Cada uno de esos comportamientos aumenta el peligro de sufrir problemas de salud.

• Salud mental: La violencia y los abusos aumentan el riesgo de depresión, trastorno de estrés postraumático, insomnio, trastornos de los hábitos alimentarios y sufrimiento emocional.

• Salud física: Los abusos pueden dar lugar a muchos problemas de salud, incluidos dolores de cabeza, dolores lumbares, dolores abdominales, fibromialgia, trastornos gastrointestinales, una movilidad limitada, y una mala salud general.

• Salud sexual y reproductiva: La violencia contra la mujer se asocia a infecciones de transmisión sexual, como la infección por VIH/SIDA, los embarazos no deseados, problemas ginecológicos, abortos provocados y problemas durante el embarazo, como el aborto espontáneo, un peso bajo al nacer y la muerte fetal.

Según la Organización Mundial de la Salud, la salud sexual y reproductiva se refiere a un estado general de bienestar físico, mental y social, y no a la mera ausencia de enfermedades a dolencias en todos los aspectos relacionados con la sexualidad y la reproducción. La salud sexual entraña la posibilidad de ejercer los derechos sexuales y reproductivos.

Un buen estado de salud sexual y reproductiva implica la capacidad de disfrutar de una vida sexual satisfactoria y sin riesgos. Además, implica la posibilidad de ejercer el derecho a procrear o no, la libertad para decidir el número y espaciamiento de los hijos. Incluye el derecho a tener información que posibilite la toma de decisiones libres e informadas, sin sufrir discriminación, coerción ni violencia. Envuelve el acceso y la posibilidad de elección de los métodos seguros, eficaces, aceptables y asequibles de regulación de la fecundidad. Busca la eliminación de la violencia patriarcal y sexual que afecta la integridad y la salud. Incluye el derecho a recibir servicios adecuados de atención a la salud que permitan embarazos y partos sin riesgos. Y, finalmente, implica el acceso a los servicios y programas de calidad para la promoción, detección, prevención y atención de todos los eventos relacionados con la sexualidad y la reproducción, independientemente del sexo, edad, raza, clase, orientación sexual o estado civil de la persona, y teniendo en cuenta sus necesidades específicas de acuerdo con su ciclo vital (OMS). Dos tercios de las mujeres asiáticas, la mitad de las africanas y una de cada seis latinoamericanas y caribeñas padecen de algún tipo de anemia por desnutrición, exceso de trabajo o frecuentes embarazos.

¿Conocen nuestras iglesias los derechos fundamentales de las mujeres? Estos derechos tienen que ver con el cuidado del cuerpo; la vivencia de una sexualidad satisfactoria, sin infecciones ni violencia; y la experiencia de una maternidad sin riesgos, entre otros. Las mujeres tienen el mismo derecho inalienable a la vida del que disfruta el resto de la humanidad, lo cual incluye:

- El derecho a no morir por causas evitables relacionadas al embarazo y al parto.
- El derecho a la salud que abarca la salud reproductiva
- El derecho a la libertad, seguridad, e integridad personales que implica el derecho a no ser sometida a torturas ni a tratos crueles, inhumanos, o degradantes.
- El derecho a vivir libres de explotación sexual y libre de violencia basada en el sexo o género.
- El derecho a decidir el número e intervalos entre hijos e hijas, lo que significa: el derecho a la autonomía reproductiva y a realizar un plan de procreación con asistencia médica o de una partera reconocida, en un hospital o ambiente reconocido.
- El derecho a la intimidad, es decir, a decidir libremente y sin interferencias arbitrarias sobre sus funciones reproductivas.
- El derecho a la no discriminación en la esfera de la vida y salud reproductiva.
- El derecho al matrimonio y a fundar una familia, o sea, a decidir sobre su función reproductora en igualdad y sin discriminación, a contraer o no matrimonio, a disolver el matrimonio, a tener capacidad y edad para dar consentimiento para contraer matrimonio.
- Derecho al empleo y seguridad social, es decir, el derecho a la protección legal de la maternidad en materia laboral: a trabajar en un ambiente libre de acoso sexual; a no ser despedida por razones de embarazo y a no ser discriminada laboralmente por embarazo o maternidad.

Lo cierto es que muchos de los problemas sociales que enfrentamos tienen relación con la poca atención que se le da a la salud sexual y reproductiva de las mujeres tales como: el aumento en los embarazos de adolescentes; las muertes por partos inseguros y los abortos clandestinos que apunta hacia un problema de clase, ya que las mujeres con recursos pueden tener acceso a atención médica para terminar el embarazo; la discriminación en atención de salud en las poblaciones más pobres; la excesiva medicación en el cuerpo de las mujeres; las cesáreas sin justificación; y la feminización del VIH/SIDA.

La epidemia de VIH/SIDA en los últimos años ha ido ganando espacio en el sector femenino. Las mujeres representan actualmente el 36% de los 1.7 millones de adultos que viven con VIH en América Latina. En todo el mundo, el impacto creciente de la epidemia se está desarrollando en el contexto de profundas desigualdades. En muchos lugares, el principal factor de riesgo de VIH para una mujer es el hecho de ser fiel a un marido que tiene o ha tenido varias parejas sexuales. El Fondo de Población de las Naciones Unidas (UNFPA), en su informe del 2004, informa que las mujeres corren mayor riesgo de infección que los hombres y la detección es más difícil: un 70 % de las mujeres que padecen de infecciones de transmisión sexual (ITS) no presentan síntomas, en comparación con un 10 % de los hombres.

VIOLENCIA ECOLÓGICA

Algunas mujeres de fe descubren que existe una relación muy estrecha entre el daño al ambiente y las formas de violencia que sufren las mujeres. Mediante reflexiones y acciones cuestionan las estructuras que discriminan por igual a la mujer y a la naturaleza y que convierten a ambos en objeto de uso y abuso. El considerar al ser humano como dueño y señor de la creación, con derecho a abusar de ella e incluso destruirla responde a la misma lógica de creerse dueño y señor de la mujer y con derecho a abusarla y hasta matarla. En la base de esta preocupación por toda la creación está la afirmación de un Dios que todo lo crió y vio que era bueno. Si hoy no vemos esa bondad en el cosmos se debe a la mano del ser humano y no a la intención y obra divina.

¿Cuán alarmante es esta realidad? Por mucho tiempo la clase dominante sostuvo que los recursos naturales no tenían límites y que el paso agigantado de la industrialización no tendría repercusiones en nuestra tierra, aire, agua, vegetación, animales y los seres humanos. Hoy su mentira llega a su fin. Se nos acaba el petróleo, el agua, el oxígeno, las áreas cultivables y, por ende, la posibilidad de comer y subsistir. Por otro lado, las compañías transnacionales producen una cantidad de desechos químicos que van al aire y nos enferman, destruyendo la capa de ozono que nos protegía de los rayos del sol. Las corporaciones voraces ya eliminaron más del 42 % de los bosques tropicales del mundo. Sumémosle a esta agresión a la naturaleza los accidentes nucleares, derrames de petróleo en los mares, la muerte de la flora y fauna, y las nuevas enfermedades. Esta realidad amenaza la vida de toda la creación y, por supuesto, la vida de los seres humanos, entre ellos las más pobres entre los pobres, las mujeres.

Considerarnos como parte de la naturaleza nos ayuda a dar el primer paso como iglesia en la búsqueda de soluciones desde la fe. ¿Acaso Dios no se nos ha revelado como Creador? Nuestro cuidado pastoral incluye el cuidado de toda la creación. Esta es una responsabilidad que debe acentuar la preocupación de Dios y del ser humano por todo el cosmos. La ética del cuidado incluye nuestro cuerpo, nuestra interioridad, nuestra salud, la calidad de vida para todas y todos los habitantes del planeta y todos los sistemas que garantizan la continuidad de la vida (Boff 2000, 37-38).

VIOLENCIA RELIGIOSA

Las mujeres de fe no tenemos dudas del espacio liberador que nos provee el evangelio de Jesucristo y que se canaliza a través de la Iglesia. Sin embargo, también estamos conscientes que ese terreno en ocasiones se convierte en uno de opresión y complicidad con los anti-valores de nuestra sociedad. Erróneamente hemos aprendido a vivir en medio de esta ambigüedad, pero soñamos con formas de ser iglesia que afirmen la total y plena humanidad de todas las mujeres y los hombres, todos los días y en todo lugar y época. Vivir y comprender el evangelio exige una revisión de los sistemas patriarcales que operan en la cultura, la sociedad y la iglesia. Se requiere un cambio en la visión de lo que es la iglesia. Hay que ir de la casa gobernada por un patriarca, a la casa en la cual todas las personas son bienvenidas, acogidas con hospitalidad y libres para desplegar los dones que el Espíritu Santo regala. La iglesia es esa comunidad que se entiende a sí misma como el cuerpo de Cristo y que crece hasta llegar a su estatura. Es el contexto en donde tiene que darse el cuidado pastoral. La iglesia es el refugio de esperanza ante la violencia y la injusticia.

El Consejo Mundial de Iglesias nombró la década de 1988 a 1998 «El decenio ecuménico: iglesias en solidaridad con las mujeres». Durante esta década se llamó «pecado» a la violencia, convocando no sólo a las mujeres sino a toda la iglesia a luchar contra este mal social.

La Iglesia como estructura puede convertirse en instrumento de violencia y a menudo esta realidad pasa por desapercibida. En muchas partes del mundo la iglesia tiende a marginar a las mujeres separadas, divorciadas, solteras o madres solteras. La condena se intensifica si las mujeres son prostitutas o víctimas de violación, sin hacer el más mínimo esfuerzo por comprender el sistema que contribuye a esas situaciones (Sighn 2005, 24). Existen en el mundo 300 millones de mujeres con discapacidad y el 80 % viven en los países pobres. Son marginadas, invisibilizadas y sus derechos constantemente violados y esto incluye a la Iglesia. ¿En cuántos de nuestros templos existe acceso a personas con discapacidad física, auditiva, visual o mental? ¿Tienen nuestros púlpitos acceso a las personas con discapacidad física? El mensaje que reciben estas personas es que ese lugar no es para ellas o que, sencillamente, Dios no llama a personas con discapacidad.

En el Plan de Acción para las Iglesias del documento titulado Las Iglesias dicen No a la violencia contra la Mujer (Sighn 2005, 24-27), elaborado por la Federación Luterana Mundial, se presentan algunos de estos pecados estructurales. Como iglesia pasamos por alto que el androcentrismo, el ver el mundo exclusivamente desde la perspectiva masculina, ayuda a perpetuar la idea de la mujer como objeto y no como sujeto. El resultado es la invisibilidad de la mujer.

Un ejemplo de esto es la falta de relatos de mujeres en las Escrituras. Los evangelios dicen que María Magdalena fue una de las mujeres que vio al Jesús resucitado, pero cuando San Pablo habla de ello en 1 Corintios 15:5-6 dice: «...y que Jesús apareció a Cefas y después a los doce. Después a más de 500 hermanos a la vez». Pablo borra de un golpe a la mujer. Ocurre muchas veces que presentamos a las visitas en el culto y decimos: «aquí está el hermano Juan y su esposa y sus hijos». Sin darnos cuenta que omitir el nombre de los demás miembros de la familia es una manera de exclusión, que solamente la percibe la persona que la sufre. El androcentrismo también se muestra en el lenguaje excluyente y sobre todo en la inaccesibilidad de las mujeres a los roles de liderato, que es donde se toman decisiones que pudieran incluir la perspectiva de toda la comunidad de fe.

Otro pecado consiste en la generalización absurda que se da cuando se utilizan sólo sujetos femeninos o masculinos pero en las conclusiones se generaliza. En mi Iglesia éramos solamente 12 mujeres maestras en la Escuela Bíblica pero siempre, el pastor anunciaba, los maestros tienen reunión mañana. La Iglesia sigue nombrando el milagro de la alimentación de los cinco mil, a pesar de que el texto diga: «los que comieron fueron cinco mil sin contar las mujeres y niños» (Mt 14:21). El doble sistema de apreciación también funciona en contra de las mujeres. Un ejemplo de ello es el incidente de la mujer sorprendida en adulterio (Jn 8). Se le permite al hombre seguir libre pero la mujer es llevada para ser juzgada y apedreada. Ni Jesús preguntó por él.

En otras ocasiones violentamos a las mujeres al exigirle que se mantengan en los roles asignados por la sociedad. Si una madre sale a trabajar fuera del hogar es muy común cuestionarle de cómo se las arreglaran sus hijos si ella trabaja fuera. Esta pregunta nunca se hace a un padre porque se supone que el cuidado de los niños es deber maternal y no una responsabilidad compartida.

Una manera muy sutil de violencia religiosa es cuando, por salvar las apariencias o para que exista balance, se hace nombran mujeres como un gesto simbólico para cumplir con una determinada política pero sin ninguna consciencia de que es un llamado del evangelio. Por ejemplo, se elige a una mujer para un cargo y no se le da el espacio de ejercer su liderato en su estilo. Ella tiende a retirarse por la falta de presencia o de apoyo de otras mujeres o sencillamente adopta el sistema masculino para no ser rechazada y termina comportándose como ellos, sin aportar sus dones.

¿Qué podemos hacer ante esta realidad que viven las mujeres? El próximo capítulo nos ayudará a articular una respuesta desde la fe y desde el cuidado pastoral integral.

3

Propuestas desde la fe
y el cuidado pastoral

Antes de que me llamen yo les responderé,
aún estarán hablando y los habré escuchado. Isaías 65.24

Ya hemos visto cuál es el problema, y ya hemos reflexionado sobre el llamado del evangelio a anunciar vida y vida en abundancia (Jn 10:10). Ahora, comencemos a actuar para ser parte de la solución y constituirnos en agentes de liberación y esperanza, ofreciendo posibilidades de sanidad tanto a las víctimas como a los victimarios. La iglesia no sólo tiene que responder al clamor de las mujeres; sino que ha de adelantarse a ese clamor. Para esto debe haber una clara comprensión tanto de la misión de la iglesia como de la misión de Dios.

Zoé Moore, una teóloga pastoral, resume esa misión de la siguiente manera:

> Una pastoral integral para la mujer debe caracterizarse por su intención en resistir, empoderar, nutrir y liberar dentro de un entendimiento comunitario y contextual. Resistencia a todo lo que daña y trae vergüenza y muerte apunta al trabajo de Jesús –impartiendo sanidad a la persona enferma, aceptando y acogiendo a la rechazada, condenando el odio y la hipocresía, y enfrentando los poderes contrarios aún a costo de su propia vida. Empoderamiento para la gente silenciada y despreciada apunta al trabajo del Espíritu Santo, dando voz a quienes no encuentran palabras y brindando fortaleza al débil para actuar y hablar con valor y alegría. Nutrir apunta al trabajo del Dios Padre y Madre amorosa quien cuida de toda la humanidad con amor y paciencia. Liberación apunta al trabajo del Dios Trino que escucha el clamor y el dolor del quien sufre y se acerca para brindar libertad y esperanza (Moore 2002,118, traducción nuestra).

Como hemos explicado previamente, la violencia hacia la mujer tiene unas raíces incuestionables en las desigualdades que experimentan las mujeres como producto de ideas culturales que defienden la superioridad masculina y, por ende, la inferioridad femenina. Con la ayuda de las ciencias de la conducta humana hoy tenemos instrumentos para analizar estos conceptos y descubrir que su origen no es natural, ni divino, sino puramente cultural. Una de esas herramientas de análisis es la perspectiva de género. ¿Qué cosa es eso? Es un lente a través del cual vamos a escudriñar si nuestras percepciones, reflexiones o acciones con relación al ser humano están guiadas por la idea de ser hombre o mujer que la sociedad y la cultura imponen, en cuyo caso tienen que ver con el género. O si están guiadas e informadas por características naturales relacionadas a su sexo biológico.

Por ejemplo, cuando una mamá u otra persona le dice a un varoncito, «los hombres no lloran», es para que él aprenda a reprimir ese instinto natural en todos los seres humanos. Si los hombres no lloraran, Dios no les hubiese dotado de sentimientos, ni de emociones, ni de glándulas lacrimales. Usando el instrumento de la perspectiva de género nos preguntamos: ¿el que los hombres no lloren es algo propio del sexo biológico? y tendremos que contestar: No. Por lo antes expuesto, esta conducta no la dicta el sexo biológico, ni es mandato divino, sino que tiene que ver con un anti-valor que la cultura inculca. Por tanto, tiene que ver con el género. Es una construcción cultural y no biológica que dicho sea de paso abusa de nuestros niños promoviendo la insensibilidad e indolencia.

Así pues la perspectiva de género feminista nos ayuda a desarrollar una visión sobre los problemas de la relación hombre-mujer. También nos ayuda a distinguir correctamente el origen cultural de muchos de los problemas de las relaciones personales, particularmente de la discriminación hacia las mujeres. Igualmente, permite plantear alternativas sociales, económicas, políticas, culturales y legales para su resolución. La integración de la perspectiva de género feminista en los currículos de nuestras escuelas bíblicas, seminarios, institutos bíblicos, sermones y liturgias es una estrategia esencial para educar sobre la equidad y el respeto hacia todas las personas; sobre las relaciones interpersonales efectivas; sobre los derechos humanos y sobre formas pacíficas de relacionarse, así como de resolver los conflictos, entre otros temas relacionados.

Esta perspectiva la podemos aplicar a toda la vida, a nuestra lectura de la Biblia y a nuestra pastoral. La biblista Irene Foulkes nos da un ejemplo de cómo aplicarla al texto bíblico (Foulkes, 9-12):

UNA RELECTURA DEL SERMÓN DEL MONTE (MT 5:39-42)

> No resistas al que te haga algún mal; al contrario, si alguien te pega en una mejilla, ofrécele también la otra. Si alguien te demanda y te quiere quitar la camisa, déjale que se lleve también tu capa. Si te obligan a llevar carga una milla, llévala dos. A cualquiera que te pida algo, dáselo; y no le vuelvas la espalda al que te pida prestado.

Al acercarnos a este texto nos damos cuenta que las experiencias que se describen se toman de la vida de los varones de Israel en el primer siglo. No se relacionan a la vida de las mujeres. En esta cultura llevar una carga por una milla o más con un hombre, significaría que se ofrece como acompañante sexual. Es el hombre quién era socializado para responder, pelear, defenderse agresivamente y vengarse de cualquier afrenta a su honor. Pero Jesús demanda un rotundo «no» a la agresividad, la pelea y la venganza. El texto desautoriza el machismo, el sexismo y el patriarcalismo fomentado por la sociedad. Esta lectura del texto no se hace en nuestras iglesias. Las mujeres somos socializadas para ser sumisas, para no protestar y para ser serviles. Por lo tanto, este texto debe ser enseñado tanto a los varones como a aquellas mujeres que se comportan siguiendo los anti-valores patriarcales de opresión a las personas subalternas.

Otro ejemplo para hacer una lectura desde la perspectiva de la mujer con un mensaje distinto para las mujeres es la parábola de la viuda y el juez injusto (Foulkes, 11-12).

> Había en un pueblo un juez que ni temía a Dios ni respetaba a los hombres. En el mismo pueblo había también una viuda que tenía un pleito y que fue al juez a pedirle justicia contra su adversario. Durante mucho tiempo el juez no quiso atenderla, pero después pensó: Aunque no temo a Dios ni respeto a los hombres, sin embargo, como esta viuda no deja de molestarme, la voy a defender, para que no siga viniendo y acabe con mi paciencia (Lc 18:2-6).

La viuda no depone sus derechos, sino que pelea por ellos. No se somete, sino que resiste la injusticia y persiste en su reclamo. Esta mujer se vale por sí misma, no depende de intermediarios. Jesús la elogia, colocándola como ejemplo. Su conducta no era la conducta «normal» de las mujeres en Israel. Al contrario no era «apropiado» comportarse de esa manera. A diferencia del texto anterior, este pasaje es más apto para el cuidado pastoral de mujeres agredidas y despojadas. Deben luchar por sus derechos y no adoptar una actitud pasiva y sumisa.

SUPERACIÓN DE LA VIOLENCIA

El primer paso hacia la superación de la violencia es un análisis de los factores que inciden en la misma. El cuidado pastoral requiere una convicción clara de que la violencia patriarcal es una ofensa contra Dios, contra la humanidad y contra la naturaleza (Plou 1999, 198). Desde la fe se convierte en imperativo:

- Manifestar en declaraciones públicas que todas las formas de violencia son pecado porque ignoran la imagen de Dios en el ser humano.

- Informar a nuestras iglesias sobre la realidad de las diversas formas de violencia contra la mujer desde una mirada contextual.
- Establecer políticas y prácticas que exijan responsabilidades a los autores de la violencia.
- Fijar momentos en el año para abordar la cuestión. Por ejemplo: «Día de no más violencia contra la mujer» (8 de noviembre).
- Nombrar personal que plantee, busque soluciones y siga de cerca los incidentes de violencia contra la mujer. Por ejemplo, hay que abrir en la iglesia una célula de mujeres que luchen contra este mal y dotarla de los fondos necesarios para operar.
- Crear grupos de vigilancia en las congregaciones que indaguen sobre las denuncias de violencia en sus comunidades.
- Incluir el tema en sermones, estudios bíblicos, escuela bíblica, etc.
- Hacer de las iglesias un lugar seguro donde las víctimas de la violencia puedan dirigirse en busca de refugio, apoyo y sanidad.
- Ofrecer oportunidades de sanidad tanto a víctimas como a sus victimarios.
- Abrir y mantener refugios para acoger por corto plazo a las mujeres violentadas.
- Establecer una línea directa para responder a las denuncias de violencia. (Singh 2005, 13)

JUSTICIA ECONÓMICA

Las Escrituras nos revelan que tanto el amor al prójimo (Lv 19) como la justicia económica (Lv 25) son dimensiones y manifestaciones de la santidad. Esta santidad es la característica fundamental del Dios libertador del Éxodo que se manifiesta en el amor solidario con toda persona oprimida y la justicia económica que debe ser la norma en la nueva comunidad de las personas redimidas. Son muchos los textos que nos recuerdan la responsabilidad de cumplir con normas mínimas de justicia económica, especialmente con las personas más pobres.

> Cuando el extranjero habite con vosotros en vuestra tierra, no lo oprimiréis. Como a uno de vosotros trataréis al extranjero que habite entre vosotros, y lo amarás como a ti mismo, porque extranjeros fuisteis en la tierra de Egipto. Yo, Jehová, vuestro Dios (Lv 19:33-34).
>
> No rebuscarás tu viña ni recogerás el fruto caído de tu viña; para el pobre y para el extranjero lo dejarás. Yo, Jehová, vuestro Dios. No oprimirás a tu prójimo ni le robarás. (Lv 19:10,13).
>
> El jornal de los obreros que han cosechado vuestras tierras, el cual por engaño no les ha sido pagado por vosotros, clama, y los clamores de los que habían segado han llegado a los oídos del Señor de los ejércitos. (Stg 5:4).

Como hemos señalado, encontramos que en nuestra sociedad la mayoría de las mujeres forman parte del grupo en desventaja económica. Pero esa no es la voluntad de Dios ni su proyecto. El plan de Dios es uno que toma en cuenta a la niñez, la ancianidad y a las mujeres. Toma en cuenta a toda la naturaleza que hoy gime y desea ser liberada. En el Antiguo Testamento, Isaías 65 describe como se vislumbra esa vivencia: ya no habrá memoria del sufrimiento pasado. Para las mujeres ese pasado se refiere a su realidad de violencia, pobreza e injusticia. Todavía en el nuevo siglo 21 las mujeres siguen constituyendo el 70 % de las personas pobres del mundo. La iglesia está convocada a anunciar la llegada de una nueva sociedad en dónde no habrá más llanto ni gemidos.

¿QUÉ MEDIDAS PRÁCTICAS PODEMOS PONER EN ACCIÓN?

Algunas de las medidas que podemos tomar para luchar en contra de la violencia contra la mujer, en sus diversas expresiones, son:

- Entablar debates en las iglesias, utilizando las herramientas que nos provee la perspectiva femenina para comprender los roles estereotipados, el establecimiento de la jerarquía, la subestimación de la mujer y el uso del poder en las relaciones entre hombres y mujeres.
- Organizar discusiones sobre el poder y la autoridad como vehículos de cambio y renovación, no para controlar a los demás sino para bendecirles. Jesús compartía y delegaba el poder. La renuncia al poder y a la autoridad en la cruz es modelo de

poder para la comunidad. Esto genera un saber comunitario y una acción compartida.

• Impartir formación a las mujeres para liberarlas de conceptos tales como el del sacrificio personal para que asuman su propio poder y lo usen con responsabilidad.

• Incluir el análisis de género o la perspectiva de la mujer en la planificación de todos los programas actividades y revisión de los estatutos, leyes, reglamentos, directivas, y escalas salariales, a fin de que sean equitativas para todos y todas.

• Tomar resoluciones políticas para permitir que las mujeres estudien teología, beneficiándose de las mismas oportunidades que los varones, ya sea a través de becas u otras posibilidades.

• Promover intencionalmente oportunidades educativas para mujeres y otorgar las mismas posibilidades de trabajo a hombres y mujeres con una remuneración similar.

• Ofrecer posibilidades equitativas de ascenso a puestos de dirección en las iglesias y sus instituciones.

• Examinar el trabajo voluntario, a fin de evitar establecer una jerarquía, ya sea masculina o femenina.

• Mantener estructuras de apoyo para ayudar con el empleo a mujeres divorciadas, separadas, viudas y madres solteras. (Singh 2005, 26).

SALUD SEXUAL Y REPRODUCTIVA

Atender pastoralmente la salud sexual y reproductiva de las mujeres puede significar un reto para las iglesias. Eso se debe a que todavía existen muchas congregaciones en donde la mujer no tiene acceso a las posiciones de liderazgo. Estas siguen siendo ocupadas por varones que conocen muy poco de esta realidad femenina. En otras iglesias, aún cuando fueran pastoreadas por mujeres, se presenta el problema de que el tema de la sexualidad representa un tabú. Desafortunadamente no encontramos un salmo que exprese el dolor ni las emociones que vive una mujer ante una violación, un aborto, la menstruación, la desfloración, un parto o la menopausia.

La relación del cristianismo con el cuerpo humano tampoco ha sido fácil. En nuestras iglesias se nos enseña que al cuerpo hay que espiritualizarlo y hostigarlo, entonces lo que tiene que ver con la sexualidad también se demoniza o se sublima. Se entiende el cuerpo como un obstáculo para la salvación. Esta tradición nos llega de un entendimiento dicotómico del ser humano, o sea que se ha partido en dos a la persona. Pero ello no tiene su origen en la tradición hebrea, de donde surge el cristianismo, ni en Jesús de Nazaret. Esta noción del ser humano surge de la filosofía griega, específicamente de Platón. Sí, la influencia del filósofo griego se convierte en parte del cristianismo a través de su impacto sobre Pablo de Tarso y Agustín de Hipona.

Platón entendía que lacerando el cuerpo, reprimiendo la sexualidad y renunciando a los placeres corporales se separa el alma en donde se encuentra la esencia de la persona. Entonces, el cuerpo, particularmente el de las mujeres, es motivo de tentación, de maldad, de escándalo y de pecado. Hay que ocultarlo, castigarlo y evitar exhibirlo. Esta idea no es acorde con el judaísmo que entiende al ser humano como una unidad. Todo el ser humano es imagen de Dios. Desde nuestro espíritu, alma y cuerpo pensamos, sentimos y hacemos. Jesús en su vida y práctica deja claramente establecido que la incompatibilidad en el cristianismo no radica entre Dios y la sexualidad, ni entre el Espíritu y el cuerpo, sino entre Dios y el dinero convertido en ídolo (Mammóm).

Desde una pastoral integral, la sexualidad del hombre y la mujer deben ser celebradas y no censuradas. El principio de comunicación que rige la misma es la mutualidad, no la propiedad o el control. Cuántas veces escuchamos preguntar a quien oficia una boda: «¿quién entrega a esta mujer?» Esa pregunta es una reliquia de cuando las mujeres se intercambiaban por vacas o cabras, como objetos sexuales o económicos. Es pastoralmente más apropiado preguntar «¿quiénes acompañan a esta pareja?» Lo mismo es cierto para la declaración al final de las ceremonias, de «marido y mujer». O sea que el hombre al casarse adquiere un nuevo estatus, ahora es marido, y la mujer, se declara mujer, lo mismo que siempre ha sido. O lo que es peor, con esa declaración se valida en nombre de Dios una relación de subordinación y opresión: ahora ella es su mujer, o sea su propiedad. ¿Por qué no declararlos esposa y esposo, frase que afirma una relación de iguales?

La celebración de nuestra sexualidad está ligada a nuestra capacidad para establecer relaciones justas. Las mujeres reciben de Dios su imagen, el regalo de la libertad, el poder para la autodeterminación como personas con toda la capacidad moral para tomar decisiones responsables sobre sus cuerpos y su sexualidad. La integridad de sus cuerpos tiene que ser respetada por sus parejas y también por el Estado.

La vida abundante que es la voluntad de Dios para todas sus criaturas incluye atender la dimensión de nuestra salud sexual y reproductiva. Recordemos que los trastornos en la salud sexual y reproductiva constituyen una tercera parte de la carga mundial de morbilidad (proporción de personas que se enferman en un lugar durante un período de tiempo determinado en relación con la población total) que afecta a las mujeres en edad de procrear. Asimismo representan una quinta parte de la carga de morbilidad que pesa sobre la población general. El VIH/SIDA representa un 6 % de la carga mundial de morbilidad. Atender correctamente la salud sexual y reproductiva evitaría cada año 52 millones de embarazos, lo cual a su vez salvaría más de 1.5 millón de vidas y evitaría que 505,000 niños perdieran a sus madres (UNFPA).

ACCIONES CONCRETAS PARA EL CUIDADO PASTORAL

La iglesia puede ofrecer cuidado pastoral efectivo a la mujer por medio de estas acciones concretas:

- Organizar debates de estudios bíblicos sobre las experiencias de violación de mujeres como Betsabé y Tamar.
- Prohibir que se utilicen incorrectamente argumentos bíblicos para perpetuar la violencia sexual contra la mujer.
- Comprometerse a denunciar las interpretaciones bíblicas distorsionadas y a enseñar los verdaderos principios del cristianismo.
- Crear un grupo de mediación familiar integrado por hombres y mujeres que atiendan querellas familiares.
- Desarrollar un enfoque teológico de conceptos tales como el matrimonio, la familia y la sexualidad, teniendo en cuenta nuestra realidad contextual.
- Organizar jornadas de reflexión en las congregaciones para entablar el diálogo sobre reciprocidad y respeto de la dignidad humana.

- Organizar debates bíblicos sobre Gn 2:24, Mt 19:5-6, Mc 10:7-8, Ef 5:30-31 y 1 Co 7:1-4.
- Discutir temas relacionados con la sexualidad de forma abierta.
- Enfocar en la sexualidad como don de Dios.
- Llevar a cabo seminarios sobre vida conyugal y familiar.
- Desarrollar un enfoque crítico sobre las imágenes de la mujer que proyectan los medios de comunicación y discutirlos con los jóvenes, hombres y mujeres.

3.6 Espiritualidad de la mujer y la naturaleza

Por muchos siglos los textos que se repetían constantemente en las iglesias para justificar la supremacía del ser humano sobre el resto de la creación eran: «Sed fecundos, multiplicaos, llenad la Tierra y sometedla; dominad sobre los peces del mar, las aves del cielo…» (Gn 1:28); «…y lo hiciste [al ser humano] poco menor que los ángeles…para que domine sobre las obras de tus manos, todo lo colocaste debajo de sus pies…» (Sal 8:6-8). Esta lógica de la dominación ha producido lo que tenemos y que ha sido discutido en el capítulo 2, un planeta enfermo y una sociedad que no asume ninguna responsabilidad frente a ello.

Ante esta realidad, la iglesia tiene una palabra que decir y una acción que seguir. Dios es creador y bienhechor y nos convoca a trabajar para que todo lo que hizo siga siendo bueno y hermoso. Para esto hay que reclamar otros relatos de la creación que nos llaman a ser protectores y cuidadores de esa creación: «Y lo puso en el jardín del Edén para que lo cuidara y lo cultivara» (Gn 2.15). El cuidado de la creación requiere que afirmemos la bendición original, el pacto con todos los seres vivientes a través del arco iris, el evangelio del Cristo en quien «fueron creadas todas las cosas, tanto en los cielos como en la tierra, visibles e invisibles…todo ha sido creado por medio de Él y para Él» (Col 1:16); la presencia del Espíritu que habita el Universo entero desde antes de su creación; y el gemido de una tierra que espera la redención total como parte de los propósitos de Dios (Ro. 8:22-23).

Esta nueva sensibilidad es parte del trabajo de mujeres de fe que viven día a día en sus cuerpos el resultado de la lógica de la dominación. Estas mujeres apuestan por una ética de cuidado, respeto, responsabilidad, justicia, reciprocidad e interconexión con toda la creación. Hablamos de una nueva forma de espiritualidad que posibilita nuevas relaciones con Dios, que se nos revela en la creación; con nosotras mismas, como criaturas en busca de paz y comunión; y con las demás personas para dar vigor a la equidad y la justicia y con todo el orden creado. Esta nueva perspectiva reconoce la interdependencia de todo tipo de vida. Nos une a mujeres y hombres de diferentes clases sociales, razas, denominaciones religiosas y raíces culturales en la búsqueda de una mejor estadía en el mundo, nuestra casa común.

Esta nueva forma de relacionarnos requiere también de compromisos pastorales consistentes e intencionales:

- Recalcar la humildad y la ausencia de pretensiones necesarias cuando predicamos y enseñamos sobre la relación del ser humano con la naturaleza.
- Incluir en nuestras escuelas bíblicas, estudios bíblicos y sermones el tema de la espiritualidad como una experiencia de re-armonizar las relaciones para las cuales fuimos creadas.
- Organizar actividades por medio de las cuales la iglesia se involucre en el cuidado del ambiente como parte de nuestro testimonio cristiano.
- Colaborar con otras organizaciones sociales en proyectos que promuevan el cuidado del ambiente.
- Reforzar la importancia del reciclaje, el cuidado del aire, el agua, y la tierra con estilos de vida más simples, menos consumistas y despilfarradores.
- Denunciar toda agresión contra la naturaleza, los seres humanos, los animales, los vegetales y los minerales.
- Hablar desde nuestros púlpitos en contra de la deforestación, la contaminación, el uso de químicos y pesticidas que dañan tanto al ambiente como toda la vida del planeta.

Vincular el dominio despiadado de la naturaleza con las relaciones de dominio interpersonales y denunciarlas como unas no cónsonas con las relaciones de armonía para la que fuimos creados y a las que el evangelio nos convoca.

EQUIDAD EN LA IGLESIA

La iglesia es primicia del reino de Dios. Es en ella en donde creemos y conocemos de la buena noticia del Dios revelado en Jesús por el poder del Espíritu Santo. A través del lenguaje nos comunicamos con Dios, le adoramos y proclamamos la buena noticia. ¡Cuán poderosa es la palabra! Es a través de la palabra que Dios crea el mundo. Sin embargo, las palabras también tienen el potencial de destruir, de degradar y de invisibilizar.

Una pastoral integral de la mujer debe considerar el lenguaje que usamos en la iglesia y procurar que el mismo sea sanador, inclusivo y justo. Nuestro lenguaje tiene que dar testimonio de que la iglesia es la asamblea en la que todos y todas tienen derecho a votar, el cuerpo de Cristo, el pueblo de Dios. Un primer paso es el uso de lenguaje no sexista. El lenguaje sexista es el uso exclusivo de uno de los dos géneros, en general el masculino, para referirse a ambos. Sin embargo, el uso no sexista del lenguaje es parte de lo que se llama lenguaje inclusivo, incluyente o integrador. Éste abarca muchos otros conceptos más allá del sexismo, como la religión, culturas, razas y discapacidades, entre otros elementos. Hoy es común escuchar a periodistas, especialistas en conducta humana y educadores hablar de los niños y las niñas, los y las estudiantes, los obispos y las obispas, etc. Esto ha provocado que algunas personas relacionen el lenguaje no sexista con doblar las formas de las palabras en masculino y femenino, y que lo repudien.

Algunas excusas para resistir el uso del lenguaje inclusivo son: que genera inflación de palabras; que no es necesario si no hay mala intención; que coarta la riqueza del lenguaje o sencillamente que hay cosas más importantes por las cuales luchar. Al igual que cuando una palabra cae en desuso se elimina de nuestro vocabulario y luego de nuestra vida, así mismo la no inclusión de todas las personas en nuestro lenguaje provoca invisibilización y por ende insensibilidad. El lenguaje que usamos modela comportamientos y conductas personales y colectivas. Una sola palabra basta para marcar negativa o positivamente la vida de una persona. Las academias de la lengua nos proveen de palabras sencillas que incluyen a ambos géneros y, por lo tanto, no hay que preocuparse por la economía lingüística. Lo que sí es necesario es aprender nuevas palabras que construyan una comunidad más fiel al testimonio del evangelio que nos llama a «la renovación de nuestro entendimiento para que hagamos la voluntad de Dios de una manera más agradable y perfecta» (Ro 12:2). Desde la fe debemos hacer todo lo que esté a nuestro alcance para tratar a todas las personas con la misma deferencia, respeto y equidad.

Todos los seres humanos necesitamos relacionarnos de una manera significativa con Dios. Para esto, usamos metáforas, símbolos, imágenes y analogías. Pero realmente sabemos que nuestras imágenes no capturan el misterio que es Dios. Nuestro lenguaje no basta, nuestras analogías se quedan cortas ante la revelación de Dios. Tradicionalmente hemos usado la imagen masculina para referirnos a la Divinidad, sin percatarnos que Dios no es un hombre. Dios es Espíritu.

El texto bíblico provee también imágenes femeninas de Dios, incluyendo uno de sus muchos nombres, el Shaddai, «el que amamanta», que sería pastoralmente apropiado incluirlas en nuestro lenguaje. Atrás de ello existen no sólo razones teológicas sino también pastorales.

Al referirnos a Dios únicamente y con tanta tenacidad en términos masculinos (como señor, padre, rey, juez) cerramos el paso a otras imágenes también bíblicas (madre, matriz de Dios y sabiduría, entre muchas otras). Además, perdemos de vista el carácter metafórico y simbólico de nuestro lenguaje. Esto puede ser teológicamente peligroso, ya que el lenguaje puede convertirse en un ídolo y esto sería una violación del primer mandamiento. Dicho de otra manera, un ídolo no es solamente una representación física o una estatua. También puede ser un ídolo cualquier representación de lo divino que se usa de tal forma que pierda su carácter simbólico. Si creemos que Dios es masculino, este símbolo exclusivo termina siendo tomado tan literalmente que queda eliminada la distancia entre el símbolo y la realidad divina. Por ejemplo, al decir que Dios es una Roca, entendemos perfectamente que no queremos decir que Dios es un fósil inanimado, y al afirmar que Jesús dijo: «Yo soy la Vid», entendemos que no quiso decir que es una planta de uvas. Mientras esto esté claro, distinguimos el símbolo de la realidad. Así de claro debe estar que Dios no es masculino ni femenino, por lo tanto se pueden utilizar ambas imágenes para referirnos a su persona. Recordemos que aún cuando decimos que Dios es un padre bueno y una madre buena, no es un padre y madre de acuerdo a las limitadas categorías del ser humano. La paternidad, la maternidad y la bondad de Dios no pueden compararse con esos mismos conceptos humanos.

En términos pastorales, conocer que podemos referirnos a Dios en ambos términos es muy sanador para mujeres que han sido abusadas, física, emocional o sexualmente por sus padres y para quienes llamar a Dios «Padre» es muy traumático. Algunas de estas imágenes femeninas de Dios son: madre (Nm 11:12-13, Dt 32:18, Sal 131:2, Job 38:29, Is 42:14, 46:3-4, 49:13-15, 66:9, 12-13, Os 11:1-9); comadrona (Job 10:18, Sal 22:9-10, 71:6, Is 46:3-4); matriz de Dios (amor, compasión, misericordia) en Sal 25:6, 51:1, 69:16, 79:8, 103:13, 145:9, Is 30:18, 54:7-10, 63:7, Jer 31:20, Dn 9:18, Miq 7:18-19); panadera (Mt 13:33, Lc 13:20-21); costurera (Gn 3:21, Job 10;11, Sal 139:13-14, Is 38:12); ama de casa (Lc 15:8-10); alguien que cobija a la humanidad bajo su cálida ala (Mt 23:37, Lc 13.34, Rt 2:12, Sal 17:8-9, 36:7, 57:1, 61:4, 91:4).

La iglesia es una comunidad de iguales que debe estimular la plena participación de hombres y mujeres, abriendo espacios para que ambos puedan ofrendar sus dones y ponerlos al servicio de todos y todas. Vivir un discipulado fiel al evangelio de Jesucristo requiere que cada persona pueda realizar al máximo sus potencialidades como hija de Dios. Para que esto ocurra hay que trabajar dentro de las denominaciones, cambiando políticas que hagan posible esa plena participación a todos los niveles de liderazgo y de toma de decisiones.

Para que este ideal sea una realidad es necesario que nuestros hermanos varones levanten su voz, porque no todos se sienten cómodos atrapados en estructuras patriarcales, adoptando modelos de masculinidad tradicionales que ahogan sus emociones y sentimientos legítimos. No todos los hombres creyentes avalan esa imagen dominadora. Algunos trabajan por su propia liberación y por masculinidades alternativas, ya que se han dado cuenta que el sistema patriarcal también los empobrece como hijos de Dios. Es un proceso arduo pero también gratificante que conduce a una relación sanadora, desde los valores del reino de Dios, que también se traduce en una mejor relación con Dios mismo. Por mucho tiempo se reclamó que la misericordia, la piedad, la ternura, la fidelidad y la compasión eran virtudes femeninas porque culturalmente eran impuestas en el género femenino y eran desarrolladas a un grado inusual por las mujeres. Sin embargo, todas estas virtudes son signo de sensibilidad humana que los hombres comparten cuando renuncian a la agresividad impuesta por el sistema patriarcal y deciden contribuir a una vivencia que se caracterice por la solidaridad, la colaboración y la complementariedad. Desde la iglesia debemos insistir en compartir esta tarea que nace del amor, elemento esencial para la construcción del Reino de Dios aquí en la tierra.

PAUTAS PARA LA PASTORAL DE LA MUJER

En resumen, la iglesia debe seguir estas pautas para desarrollar y promover una pastoral de la mujer efectiva y pertinente:

- Destacar que Jesús capacitó a la mujer para hablar y dar testimonio público, superando así las normas y las fronteras de su tiempo.
- Discutir el rol de las mujeres en el ministerio de Jesús y recalcar las muchas maneras en que lo apoyaron: financieramente; con su hospitalidad; y por medio de su solidaridad en su sufrimiento, su fidelidad y su devoción.
- Destacar el elogio de Pablo hacia las mujeres como colaboradoras y su énfasis en la unidad en Cristo para acabar con los antagonismos (Gal 3:28).
- Incluir perspectivas de las mujeres creyentes, subrayando su liderazgo en épocas bíblicas.
- Usar diferentes imágenes de Dios, masculinas y femeninas, incorporándolas en la liturgia, los himnos y las publicaciones de la iglesia.
- Destacar el primer relato de la creación (Gn 1:27-28) que supone la igualdad en la creación.
- Destacar liderazgos ejemplares de mujeres para subrayar la necesidad y pertinencia del liderazgo femenino.

- Re-descubrir la imagen de María, madre de Jesús, no sólo como una joven devota y obediente, sino también como una mujer que aceptó el llamado de Dios, sin la tutela de ningún hombre, desempeñando un papel fundamental en la acción salvífica de Dios. María fue capaz de entender y analizar el contexto socio político en que vivió, cantando una canción que revela su radical compromiso con la causa de Jesús (Lc 1:46-55).
- Emplear lenguaje en nuestras iglesias que incluya, honre y haga justicia a toda la humanidad.
- Crear espacios para que los hermanos varones de la iglesia puedan reflexionar sobre diferentes modelos de masculinidad que sean más fieles al discipulado y seguimiento a Jesús (Singh 2005, 38-44).

SEGUNDA PARTE

Ayudas didácticas para la pastoral de la mujer

4

Ceremonias religiosas para tiempos de crisis

El ministerio sanador de Jesús es señal de que el reino de Dios está en medio nuestro (Lc 11:20). La iglesia, como signo de ese reino continúa el ministerio de Jesús. En este capítulo proveemos materiales prácticos que ayudan a enfocar una pastoral al cuidado de mujeres y niñas, tomando en cuenta sus experiencias de vida.

LETANÍA PARA SANIDAD DEL ACOSO SEXUAL

Oficiante: En nombre de Dios, en cuya imagen fueron creados hombres y mujeres.
Todos: Amén
Oficiante: Confesamos que por nuestro pensamiento, palabra y obra no hemos honrado tu imagen los unos en las otras; que te hemos limitado, rebajándonos unos a las otras; que nos hemos alejado de la fuente de sabiduría, confiando en nuestra propia necedad.
Todos: Líbranos hoy.
Oficiante: De la necesidad de disimular a toda costa, de la necesidad de escondernos detrás de la seguridad.
Todos: Líbranos hoy.

Oficiante: De la tentación de comprometer convicciones en nombre de la diplomacia y de trocar mentiras en beneficio propio.
Todos: Líbranos hoy.
Oficiante: Creemos que más allá de nuestro dolor…
Todos: Tiene que haber curación.
Oficiante: Más allá del quebranto…
Todos: Tiene que haber integridad.
Oficiante: Más allá de la ofensa…
Todos: Tiene que haber perdón.
Oficiante: Que más allá del silencio, tiene que haber comprensión y que en la comprensión, hay amor.

ACTO LITÚRGICO DE SANIDAD PARA UNA VÍCTIMA DE INCESTO

Se calcula que una de cada tres niñas es abusada sexualmente por su padre, otros varones de su familia o amigos de la familia. Una víctima de incesto por parte de su padre escribió la liturgia que adaptamos en nuestro escrito (Ruether 1988,152-153).

Primero la mujer trabaja sola, caminando en el campo, rodeada de árboles preferiblemente dándole tiempo para reflexionar y ejercitar su cuerpo hasta sudar. Las personas participantes pueden ser su terapeuta y personas cercanas quienes le han dado apoyo durante sus luchas. La terapeuta puede leer el Salmo 27. Se le permite a la víctima expresar sus sentimientos y emociones. Cada participante la rodea pasando de mano en mano un recipiente con agua del cual se toma y se rocea a la persona a la vez que se pronuncian palabras de bendición, apoyo y afirmación. El acto sirve para cerrar la experiencia de incesto y sentir el renacer de una nueva vida.

ACTO LITÚRGICO DE SANIDAD DE UNA VIOLACIÓN SEXUAL

Las mujeres se reúnen en un círculo, colocando a la persona violada dentro del círculo.

Una persona dice:

«Nosotras estamos aquí porque nuestra hermana _____ ha sido violada. Su cuerpo, sus sentimientos y su espíritu han sido injuriados gravemente. Estamos aquí para llorar con ella y también para gritar nuestro coraje junto a ella. Estamos enojadas ante la hostilidad hacia las mujeres y ante la distorsión de la sexualidad en violencia, tomando la forma de violación. Sentimos dolor porque no sabemos cuándo la violencia terminará ni cómo podemos remediar el daño que ha sido hecho. Pero no nos rendimos. No nos vencerán, no nos intimidarán, no nos convertirán en personas miedosas que no pueden decidir dónde quieren y desean ir».

Una segunda persona dice:

«Nosotras amamos y afirmamos a nuestra hermana_____, quien ha sido herida. Aunque ha sido injuriada, ella no está destruida. Aunque ha sido menospreciada, ella no ha perdido su integridad. Aunque ha sido sujeta a la fealdad, ella permanece siendo bella. Aunque ha sido tocada por la maldad, ella todavía es una persona buena. Aunque la mentira ha tratado de mancharla ella todavía es confiable. Nosotras afirmamos su totalidad, su bondad, su confiabilidad, su integridad, su belleza. Denunciamos y la liberamos de toda fuerza de destrucción, de fealdad, de violencia, de mentiras que ha intentado hacerla su víctima».

La mujer puede escoger decir algo sobre su experiencia, permanecer en silencio o expresarse en maneras no verbales.

El grupo la dirige en un baño de agua tibia, flores, aromas agradables. Es secada, perfumada con su fragancia favorita y vestida con una ropa de su preferencia.

Es colocada en un círculo y una de las hermanas le impone las manos diciendo:
- (con las manos en el abdomen) Se sanada de la violencia en tu cuerpo.
- **Todas repiten**: Sé sanada
- (con las manos en su pecho) Sé sanada de la violencia de tus sentimientos.
- (con las manos en su cabeza) Sé sanada de la violencia de tu mente y tu espíritu.

- **Todas juntas:** El Espíritu de Dios te rodee y te proteja, fluya alrededor tuyo, te cuide, te ame y te haga completa e íntegra. Sí hermana, sé completa. Amén.

ACTO LITÚRGICO PARA SANIDAD DE UNA PÉRDIDA DE UN BEBÉ

Oración comunitaria

> «Oh Dios Padre y Madre, poder de toda vida y de toda nueva vida, hoy estamos muy tristes. Nuestra hermana_____ y nuestro hermano_____ esperaban la llegada de un bebé en sus vidas. Todas sus expectativas, preparaciones y planes estaban centradas alrededor de este nuevo bebé. Pero esta vida en potencia que empezaba a surgir y a crecer ya no está. Nos hemos quedado con las manos y el corazón vacío. Nos sentimos tristes por nuestra inhabilidad para dar forma a la vida que con tanta alegría esperábamos. A veces nos sentimos enojados contigo, fuente de toda vida, pero nos damos cuenta que ésto que sufrimos es parte de nuestra finitud y que hoy nos acompañas en nuestra pena y dolor. Sabemos que lloras con nosotros. Sabemos que seguirás con nosotras, en nuestras luchas. No podemos hacer nada por esa nueva vida que comenzaba pero sí podemos nutrir la vida de las personas que están aquí y que necesitan nuestra ayuda. Volcamos toda nuestra energía para afirmarlos y apoyarlos».

La mujer o la pareja pueden reflexionar acerca de la pérdida. Todo el grupo los rodea, impone sus manos y ora con ellos.

LITURGIA PARA ACOMPAÑAR A LA MUJER QUE DECIDIÓ NO SER MADRE

Esta liturgia está diseñada para acompañar a la mujer que ha elegido no ser madre. Además de acompañar esta decisión, la liturgia celebra la validez de todas las opciones, de todas las vocaciones, de todos los deseos que se hagan cargo de sí mismos responsablemente.

Todas las participantes en círculos; en el centro una mesa con mantel, servilletas, vasos, cucharas y velas. Sobre la mesa hay dos recipientes conteniendo leche y miel.

Distintas participantes toman a su cargo la lectura de los diferentes momentos de la celebración.

- Históricamente a través de las diferentes culturas, la capacidad de una hembra como paridora de hijos ha sido la prueba de ser reconocida como mujer.
- Hoy hay muchas más opciones. Sin embargo, cuántas veces la presión familiar y social se hace insoportable para quien no siente el deseo de ser madre o para quien, siéndolo, va asumiendo compromisos que le van haciendo elegir, a veces con dudas o con pena en cada momento, no ser madre.
- Elegir ser madre o no, no puede separarnos; porque la mujer es una persona total, con todas las posibilidades y con toda la capacidad para ir labrando su vida por sí misma, sin necesidad de tener que probar por la aceptación o la renuncia a determinados roles que es mujer, persona, hija de Dios.
- Queremos traer junto a nosotros a mujeres desconocidas, como Juana Inés de la Cruz, Gabriela Mistral, Simone de Beauvoir...y las numerosas mujeres anónimas que tanto camino nos han abierto con su testimonio de vida.

Y también queremos recordar en la persona de Frida Kahlo...la integridad del sufrimiento de las mujeres que, deseándolo intensamente, no pueden tener hijos.

- Cuando el pueblo de Israel decide dejar la esclavitud y parte de Egipto, lo hace buscando una tierra de libertad, «grande y fértil, una tierra que mana leche y miel», nos cuenta la Biblia. Es por eso que hoy elegimos esos símbolos de la libertad para celebrar la validez y santidad de todas las decisiones responsables que conciernen a una misma.
- La manera de ir eligiendo la vida que tenemos. De ir haciendo nuestro camino con honestidad y alegría, ese camino que confluye y se entrelaza con otros caminos, construyendo y buscando la tierra prometida.
- Ahora bendecimos esta leche y esta miel –símbolos de libertad– que la sabia naturaleza nos entrega y que son alimentos perfectos de todo ser humano desde el nacimiento hasta la adultez; que son símbolos ricos, fecundos, deseados. Durante el día nos dan energía y en la noche nos procuran un sueño apacible y reparador.
- Con nuestras manos extendidas las bendeciremos (extienden las manos palmas arriba) y luego las compartiremos, unidas a todas aquellas mujeres de nuestro continente y del mundo

que viven y trabajan para lograr que la vida de cada una y de la humanidad sean esa tierra fértil y grande que emana leche y miel.

Se acercan a la mesa y comparten la leche y la miel.

LITURGIA PARA LA MENOPAUSIA

(Adaptado de Ruether 1988, 205-206)

Las mujeres se reúnen en un círculo. Aquellas que no han llegado a la menopausia toman velas moradas o lilas. Aquellas que ya no menstrúan toman velas amarillas. Las velas se encienden y cada una medita en su vela mientras se lee:

En la mujer se encuentra la fuerza creadora de dar a luz. Esta fuerza creadora tiene muchas formas. Es el poder de nuestros ovarios para crear óvulos y el poder de la matriz de nutrir ese óvulo fecundado hasta convertirlo en otro ser humano. Es la fuerza creativa para producir poesía, canciones, imágenes. Es la fuerza creativa para reflexionar sobre nuestra realidad y reflejar el mundo en la mente, para que surja un discurso y para enseñar los secretos de cómo el mundo trabaja alrededor nuestro. Es la fuerza que crea hogares, comunidades, que reúne gentes para llevar a cabo tareas y vivir en amistad. Es la fuerza que transforma el barro de la tierra, las fibras de las plantas, la seda de los animales en vasijas útiles, ropas de colores y pisos y paredes para nuestros hogares. Todas esas son algunas de nuestras maternas energías creativas.

Hoy una de nosotras deja ir una de esas energías creativas, la de crear otro ser humano. A la vez que se despide de esa energía creadora, toma de una manera más abarcadora las otras clases de energías creadoras. Otras energías de nacimiento como lo son la de crear poesía, canciones, vasijas, textiles, conocimiento y comunidades de gente que trabaja y vive junta.

La mujer que entra en la menopausia apaga su vela morada y se le entrega una vela amarilla que es encendida por una de las mujeres con vela amarilla, mientras le dice:

Bienvenida a la comunidad de mujeres que ya no ovularán, ni menstruarán más y quienes seguirán creando con sus mentes y sus espíritus.

La mujer ahora puede reflexionar sobre este momento de transición significa para su vida. Se cierra con una oración de bendición y acción de gracias sobre ella y su nueva etapa de vida.

LETANÍA DEL PODER DE LAS MUJERES (1)

Autora: Ann M. Heidkamp

Espíritu de vida, hoy recordamos a las mujeres renombradas y anónimas, quienes, a través del tiempo, han usado el poder y los dones que les diste para cambiar el mundo. Invocamos a estas antepasadas a que nos ayuden a descubrir en nosotras este poder y la manera de usarlo para traer el Reino de justicia y paz.

Recordamos a Sara, quien con Abraham contestó el llamado de Dios a dejar su tierra natal y poner su fe en un pacto con el Dios. Oramos por su poder de fe.

Recordamos a Esther y Débora quienes por hechos de valor individual salvaron la nación.

Oramos por la fuerza de su valor al actuar para bien de muchos.

Recordamos a María Magdalena y las otras mujeres que siguieron a Jesús a quienes no se les creyó cuando anunciaron la resurrección.

Oremos por su poder de creer al enfrentar el escepticismo.

Recordamos a Febe y a Priscila y a las otras mujeres que fueron líderes de la iglesia primitiva.

Oramos por su poder de difundir el Evangelio e inspirar a otras congregaciones.

Recordamos a las abadesas de la Edad Media que mantuvieron viva la fe y el conocimiento.

Oramos por su poder de liderazgo.

Recordamos a Teresa de Ávila y Catalina de Siena que desafiaron la corrupción de la iglesia durante el Renacimiento.

Oramos por su poder de inteligencia y franqueza.

Recordamos a nuestras madres y abuelas cuyas vidas dieron forma a la nuestra.

Oramos por el poder especial que ellas trataron de pasarnos.

Oramos por las mujeres que son víctimas de la violencia en sus hogares.

Que les sea concedida la fuerza de vencer el temor y buscar soluciones.

Oramos por aquellas mujeres que enfrentan una vida de pobreza y desnutrición.
Que les sea concedido el poder de esperanza de trabajar juntas para una vida mejor.
Oramos por las mujeres que hoy en día son las «primeras» en abrir brechas.
Que les sea concedido el poder de perseverar y abrir nuevas posibilidades para todas las mujeres.
Oramos por nuestras hijas y nietas.
Que les sea concedido el poder de buscar una vida que sea inconfundiblemente de ellas.
(Agregue aquí cualquier mujer que le gustaría recordar o por quien desearía orar.)

Todas: Hemos celebrado el poder de muchas mujeres del pasado y del presente. Ahora nos toca celebrarnos a nosotras mismas. En cada una de nosotras existe esa misma vida, luz y amor. En cada una de nosotras está la semilla de poder y gloria. Nuestros cuerpos pueden tocar con amor, nuestros corazones pueden sanar, nuestras mentes pueden discernir la fe, la verdad y la justicia. Espíritu de vida, ven con nosotras en nuestra búsqueda. Amén.

LETANÍA DEL PODER DE LAS MUJERES EN LA BIBLIA (2)

Nos acercamos a las Escrituras para escuchar el testimonio de hermanas valientes, muchas de ellas víctimas de la violencia de la sociedad pasada. Recordamos los relatos para inspirarnos en un Dios que condena la violencia contra la mujer.

Directora - Recordamos a Sara, mujer adulta, envejecida pero aún receptora de las promesas de Dios
Comunidad - Oramos para que la edad no sea motivo de discrimen contra la mujer (Gn 12-15).
Directora - Recordamos a Agar, quién se halló sin techo y sin hogar con un hijo en sus brazos y a quien Dios le salió al encuentro para restituirla (Gn. 16).
Comunidad - Oramos por las mujeres de hoy que huyen de sus hogares con sus hijos e hijas en brazos.
Directora - Recordamos a las dos hijas de Lot a quienes su padre entrega a unos hombres por causa de la hospitalidad (Gn. 19:8).

Comunidad - Oramos para que ninguna otra hija sea afrentada hoy de esta manera.

Directora - Recordamos a Dina, la hija de Lea quien junto a otras mujeres de la época, fue objeto de negociación de los hombres (Gn 34).

Comunidad - Oramos porque las mujeres no continúen siendo cosificadas, prostituidas ni comercializadas.

Directora - Recordamos a Sifra y Fúa, las parteras de las hebreas, que desobedecieron la ley y escogieron la vida de los niños aún cuando el Faraón quería sus muertes (Ex 1:15-21).

Comunidad - Oramos para sostener a aquellas mujeres que como las antiguas disciernen lo que es mejor para ellas, sus niños y niñas.

Directora - Recordamos a María, la del ministerio de la profecía, quien se alegró por la justicia que Dios impartía al pueblo sufrido (Ex. 15).

Comunidad - Oramos para que muchas mujeres cristianas se coloquen al lado de la justicia y la libertad.

Directora -Recordamos que en la tradición de Israel ninguna mujer fue consagrada al sacerdocio.

Comunidad - Oramos para que las mujeres cristianas continúen luchando en contra de la exclusión ministerial de las que son objeto en la Iglesia.

Directora - Recordamos las leyes sobre la castidad en el Antiguo Testamento que permitían que los hombres apedrearan a las mujeres que no fueran halladas vírgenes (Dt 22:13-21).

Comunidad - Oramos para que las mujeres no continúen siendo víctimas de tradiciones machistas.

Directora - Recordamos el crimen relatado en el libro de Jueces cometido contra una mujer sin nombre: ultrajada y cortada en pedazos por amigos de su compañero y su propio compañero (Jue. 19).

Comunidad - Oramos para que nuevas mujeres no sufran el horror de estos crímenes.

Directora - Recordamos a Tamar quien tras ser ultrajada por su hermano fue echada de la casa (2 S 13)

Comunidad - Oramos para que el hogar sea para la mujer el más seguro de los lugares.

Directora - Recordamos a María, la madre de Jesús, creyente y protagonista de las promesas de Dios (Lc 1:46-56).

Todos: Oramos para que las mujeres nos apropiemos, reclamemos y actuemos nuestra propia reivindicación y derecho a ser libres y felices.

5

Oraciones desde el clamor de la mujer

DÍA INTERNACIONAL DE LA NO MÁS VIOLENCIA CONTRA LA MUJER, 25 DE NOVIEMBRE

Autora: María Elena Mamarian

Líder: Inseguridad. Peligros. Violencia. Miedo. Desconfianza. Destrucción. Pánico. Angustia. Parálisis. Muerte.

Congregación: Las calles del pueblo y de la ciudad cada vez nos parecen más inseguras y cruentas. Estamos preocupados y el tema recurrente forma parte de los debates diarios entre los familiares, los amigos, los ciudadanos. Muchos no quieren salir de sus casas. Otros lo hacemos con temor y zozobra. Cambian las costumbres sociales. Reina la desesperanza. Las calles del pueblo y de la ciudad se nos volvieron temibles enemigas.

Líder: Es una realidad. Sin embargo, las mismas y peores vivencias las tienen quienes padecen maltrato en sus propios hogares, en sus propias familias.

¡¿Cómo?! ¿El hogar no es un lugar seguro? ¿La familia no garantiza las relaciones más cercanas, cálidas y estimulantes? ¿No son los padres y las madres los que alientan el crecimiento integral de los hijos? ¿No se trata el vínculo conyugal del más íntimo y confiable? ¿No despiertan los más frágiles de la familia –mujeres, niños, ancianos y discapacitados– las actitudes normales de protección y cuidado?

Las respuestas afirmativas conformarían el diseño original de Dios para la familia. Un espacio de amor y contención donde todos y todas, grandes y chicos, hombres y mujeres, pudieran crecer en el contexto de amor y seguridad necesarios para la salud integral de todos sus miembros. Ya sabemos: el pecado arruinó el perfecto plan de Dios.

Congregación: Pero no sirve o no alcanza con lamentarse sobre esta triste realidad que se repite de generación a generación.

Dios se dignó a mirarnos. Jesucristo es la provisión de Dios para la restauración del ser humano.

Ahora, como hijos e hijas del Dios de Jesucristo, confesamos que no siempre hemos actuado de acuerdo a la voluntad del Creador en nuestras relaciones interpersonales, dentro y fuera de la familia.

Además, reconocemos que muchas veces hemos sido indiferentes y no hemos tenido misericordia frente a las víctimas de violencia, y así no hemos sabido transmitir el amor de Dios por ellas.

Líder: Por eso, con la ayuda de Dios, nos comprometemos a:
Congregación:

• Declarar que toda forma de violencia, como expresión del abuso de poder de un ser humano sobre otro, es contraria al designio de Dios.

• Vivir consecuentemente a esta declaración en todos nuestros vínculos interpersonales, dentro y fuera del hogar. Más allá de los roles de autoridad que nos toque ejercer, nos esforzaremos por respetar la dignidad de nuestro prójimo de modo que sea evidente en nuestra forma de tratarlo.

• Ayudar de modo concreto y práctico a las víctimas de cualquier forma de maltrato.

• Ser promotores de paz y de relaciones equitativas, en todos los medios en que nos toca actuar, empezando por la propia familia.

Todos juntos: Roca de la eternidad te pedimos que vuelva la alegría, la confianza, la seguridad y la esperanza, a la familia, al pueblo, a la ciudad. Amén.

(Tomado de la página de Fundación Kairós *www.kairos.org.ar*)

DÍA INTERNACIONAL DE LA NO MÁS VIOLENCIA CONTRA LAS MUJERES

Autor: Izani Bruc

Saludo de bienvenida: «Dichosos/as los que procuran la paz, pues Dios los llamará hijos/as suyos/as» (Mt 5:9).
Con estas palabras de Jesús saludamos cariñosamente a quienes han llegado hasta aquí para celebrar esta liturgia del Día Internacional de la no violencia contra la mujer.

Introducción: (datos sobre el origen de esta fecha): En 1993, la Asamblea General de las Naciones Unidas declaró «que la violencia contra la mujer constituye una violación de los derechos humanos y de las libertades de la mujer... que se necesita una clara y exhaustiva definición de la violencia contra la mujer, una clara declaración de los derechos que se deben aplicar para asegurar la eliminación de toda violencia contra la mujer en todas sus formas y un compromiso de los Estados... y de la comunidad internacional en general para eliminar la violencia contra la mujer» (Declaración sobre la eliminación de la violencia contra la mujer).
En diciembre de 1999, la 54ª sesión de la Asamblea General de las Naciones Unidas adoptó la Resolución 54/134 en la que declaraba el 25 de noviembre Día Internacional de la Eliminación de la Violencia contra la Mujer.
El origen del 25 de noviembre se remonta a 1960, año en el que las tres hermanas Mirabal fueron violentamente asesinadas en la República Dominicana por su activismo político. Las hermanas, conocidas como las «mariposas inolvidables» se convirtieron en el máximo exponente de la crisis de violencia contra la mujer en América Latina. El 25 de noviembre ha sido la fecha elegida para conmemorar sus vidas y promover el reconocimiento mundial de la violencia de género. Este día se ha celebrado en América Latina desde los años 80s.

Invocación: Ven Espíritu de amor, ven a nosotros y nosotras. Ven Espíritu Santo, quédate con nosotros y nosotras. Comparte este encuentro en comunidad y derrama tu presencia. Renuévanos, para sentirnos unidos y unidas en tu amor.
Congregación: Amén.

Confesión de pecados: Oración en silencio.

Guía: Por el amor y misericordia de Dios, Jesucristo fue dado para morir por nosotros/as y, por sus méritos, Dios perdona nuestros pecados. A quienes creen en Jesucristo les concede el poder de ser hijos e hijas de Dios y les confiere su Espíritu Santo.

Todos/as: Amén.

Himno: Momento nuevo.

Saludo Apostólico:

Guía: La gracia del Dios Jesucristo, el amor de Dios y la comunión del Espíritu Santo sean con todos/as ustedes.

Congregación: Y con tu espíritu.

Kyrie Eleison, o Dios ten piedad: (mientras la comunidad canta el Kyrie Eleison, propongo que se forme una cruz con pares de zapatos de mujeres en frente al altar o en un lugar bien visible, en cada par de zapato poner el nombre de una mujer que ha sido víctima de violencia o fallecido por femicidio).

Congregación: Imploramos tu piedad, oh buen Dios por quién sufre en este mundo, a una gime toda la creación. Tus oídos se inclinen al clamor de tu gente oprimida, apura, oh Redentor tu salvación. Sea tu paz, bendita y hermanada a la justicia, que abrace al mundo entero: ¡ten compasión! Que tu poder sustente el testimonio de tu pueblo tu Reino venga hoy, Kyrie Eleison(bis). (Autor: Rodolfo Gaede Neto-Brasil)

Oración: (adaptación de Virginia Mínico. Fuente: Selah)

Guía: Dios amoroso, que siempre estás a nuestro lado y nos amas, ayúdanos a encontrar las fuerzas para defender la paz y la justicia en este mundo a partir de hechos sencillos de nuestra vida cotidiana.

Congregación: Ayúdanos a construir un mundo sin violencia.

Guía: Despierta en nosotros y nosotras corazones solidarios, mentes y oídos abiertos para escuchar tu Palabra permanente y hacerla carne en nuestra realidad marcada por la violencia.

Congregación: Ayúdanos a construir un mundo sin violencia.

Guía: Sostennos en momentos difíciles para no caer en actos violentos que dañan a otros/as.

Congregación: Ayúdanos a construir un mundo sin violencia.

Guía: Concédenos el compromiso de promover todos los días, en nuestros hogares, lugares de trabajo, de estudio, en el pueblo donde vivimos la paz.

Congregación: Ayúdanos a construir un mundo sin violencia.

Guía: Quítanos el velo de nuestros ojos para poder verte caminando entre los desamparados, desplazados enfermos, desocupados, discriminados, entre las víctimas de todo tipo de violencia, pues todos andamos contigo, muchas veces de la mano y no nos sentimos.

Congregación: Ayúdanos a construir un mundo sin violencia

Guía: Infúndenos la fuerza para gritar por ti, para clamar por tu justicia, para hablar con la verdad, para denunciar la violencia para edificar un mundo nuevo con ladrillos de paz y amor.

Congregación: Ayúdanos a construir un mundo sin violencia. un mundo donde el «amor y la verdad se darán cita, la paz y la rectitud se besarán, la verdad brotará de la tierra y la rectitud mirará desde el cielo» (Sal 85: 10-11).

Himno: Mi pensamiento eres tu Dios.

Lectura bíblica: Isaías 5: 20

Preparación para la proclamación del evangelio:

Guía: La paz del Dios, fuente del amor universal esté con cada uno/a de nosotros y nosotras. El Dios de la vida nos reúne en esta liturgia, por eso, cantemos el aleluya, preparándonos para escuchar el Evangelio. Aleluya:

Lectura del evangelio: Mt 5: 14-16

Sermón (mi propuesta es que sea sobre el Evangelio, que tome en cuentas las siguientes preguntas: ¿cómo podemos ser luz en el oscuro mundo de la violencia ejercida contra la mujer? ¿Cuándo como iglesia-comunidad-cristiano/a ponemos nuestra luz bajo un cajón frente a la violencia contra la mujer? Al terminar la exposición podemos entregar a cada persona una vela encendida simbolizando que para construir un mundo sin violencia, es necesario la luz de compromiso de todos/as.

Himno: Danos un corazón.

Credo:

Creo en Dios, creador, arquitecto de todo espacio inundado de vida. Amor absoluto manifiesto en cada uno de nosotros y nosotras como expresión máxima de su gloria. Por el que somos llamados a reflejar su amor efectivo sobre todo lo creado que se nos hace próximo.

Creo en Jesús, hombre, de estirpe humana en su plenitud, amigo de todos y todas. Que se hizo pobre y rebelde, luchador por la vida, sembrador de esperanzas, ejemplo de fe. Maestro de sabios e ignorantes. Que murió preguntando ¿por qué?, y resucitó contestando cuando... Creo ahora en el Cristo que fundió los cimientos del Reino.

Creo en el Santo Espíritu, viento suave de amor y vida. Cálido aliento de esperanza y valor. Fuerza que levanta mi brazo en la construcción del Reino de Dios. Deseo de un mejor futuro y de búsqueda de la verdad.

Creo en la Iglesia, comunidad de seres humanos identificados con el amor de Cristo. Amantes comunes de un mismo amor. Reflejos del amor de Dios que los une y los hace cuerpo de Cristo, para unidos luchar por la búsqueda del Reino que les espera en el atardecer de la vida.

Creo en ese Reino, que me motiva con cada amanecer a seguir viviendo. Luchando por hacer posible lo imposible, por regar con amor la flor mustia de la insensibilidad moderna.

Y creo en todo lo que huela a vida. En todo lo que se mueva en dirección a la vida que es una, la misma vida que brota del contacto de los átomos e impulsa todo: Dios. (Noemí Gorrín- Fuente: Selah).

Oración de intercesión comunitaria: (formar un círculo alrededor de la cruz de zapatos con las velas que fueron entregadas a las personas al final del sermón. Cada persona deposita su vela y hace su petición.) Entre cada petición la comunidad dice:

Congregación: Escucha Dios nuestra oración

Ofrenda: Mientras tanto la comunidad canta:
• Te ofrecemos nuestros dones, al servicio de tu reino.
• Te ofrecemos nuestra vida, por tu causa y tu amor.

Prefacio:
Guía: Nuestro Dios sea con ustedes

Congregación: Y también contigo.
Guía: Elevemos los corazones.
Congregación:A ti los elevamos.
Guía: Demos gracias a nuestro Dios
Congregación: Es justo darle gracias y alabanza.
Guía: En verdad es digno justo y saludable que en todo tiempo y lugar te demos gracias y alabanza, oh Dios Padre santo, por Cristo quien en el primer día de la semana triunfó sobre la muerte y la tumba, y por su gloriosa resurrección nos abrió el camino a la vida eterna. Así pues, con la iglesia en la tierra y los coros celestiales, alabamos tu nombre y nos unimos a su himno eterno cantando:

Santo: «Santo, Santo, Santo, mi corazón te adora. Mi corazón te sabe decir Santo eres Dios».

Plegaria Eucarística:
Guía: Bendito eres tú, Creador de cielo y tierra. Apiadándote de nuestro mundo caído diste a tú único Hijo para que todos/as que creen en él no perezcan, sino que tengan vida eterna. Te damos gracias por la salvación que tú nos ha preparado por Jesucristo. Envía ahora tu Espíritu Santo a nuestros corazones, para que recibamos a nuestro Salvador con fe viva ahora que viene a nosotros/as en su santa cena.
Congregación: Ven, Jesús.
Guía: -La noche en que fue entregado, nuestro Dios Jesús tomó pan y dio gracias lo partió y lo dio a sus discípulos, diciendo: Toman y coman esto es mi cuerpo, dado por ustedes. Hagan esto en memoria mía. De igual manera, después de haber cenado, tomó la copa, dio gracias y la dio a beber a todos, diciendo: Esta copa es el nuevo pacto en mi sangre, derramada por ustedes y por todo el mundo para el perdón del pecado. Hagan esto en memoria mía.

Padrenuestro: Oramos juntos/as la oración que nuestro Dios nos enseñó: Padre nuestro que estás en los cielos, santificado sea tu nombre venga a nosotros tu reino hágase tu voluntad, así en la tierra como en el cielo el pan nuestro de cada día, dánoslo hoy y perdónanos nuestras deudas así como nosotros perdonamos a nuestros deudores y no dejes caer en tentación mas líbranos del mal. Porque tuyo es el reino, el poder y la gloria, por los siglos de los siglos. Amén.

Guía: Jesús dijo: «Les dejo mi paz, les doy mi paz.» Compartimos esta paz con nuestros hermanos y hermanas.

Agnus Dei (Cordero de Dios):

• Cordero de Dios, que quitas el pecado del mundo: ten piedad de nosotros.

• Cordero de Dios, que quitas el pecado del mundo: ten piedad de nosotros.

• Cordero de Dios, que quitas el pecado del mundo, danos tu paz.

Comunión:

Oración:

> **Guía:** Te damos gracias, Dios de amor y misericordia, porque tú nos has renovado con el poder sanador de este don de vida y te suplicamos que, en tu infinita misericordia, transforme y sane nuestras vidas, a fin de que podamos vivir en paz y armonía como hijas e hijos tuyos, y conformar nuestras vidas a la suya por el mismo Jesucristo nuestro Salvador.
>
> **Congregación:** Amén.

Bendición:

• Que Dios, de quien viene la constancia y el ánimo, les conceda a todos vivir en armonía unos/as con otros/as, en conformidad con Cristo Jesús.

• Que Dios, fuente de toda esperanza, les conceda alegría y paz, y así se sientan cada día más esperanzados/as por el poder del Espíritu Santo.

• Que el Dios de paz esté con todos/as ustedes.

> **Congregación:** Amén

Himno final: Sois la semilla (*Mil Voces* #291)

Envío:

> **Guía:** «Ustedes son la luz de este mundo» (Mt 5:14). Vayan en la paz. Y que su luz brille al servicio del Dios.
>
> **Congregación:** Demos gracias a Dios.

ORACIÓN PARA QUIENES SUFREN DEBIDO A LA VIOLENCIA Y AGRESIÓN

Autora: Jean Martensen

Dios de amor, escucha mi oración.
Vengo a ti lastimada, exhausta, enojada y triste.
Acógeme en tus brazos y enjuga mis lágrimas.
Ayúdame a entender que esta locura no es obra mía.
Camina junto a mí por el largo valle de las tinieblas.
Acompáñame cuando me siento sola.
Embarga mi corazón porque en este momento el don de la vida que me diste escapa a mis propios sentimientos e incluso a mi propio conocimiento.
Muéstrame cómo aceptar la atención de quienes me aman y oran por mí.
Sobre todo, cuando yo misma no logro encontrar palabras para orar.
Vierte sobre mí el Espíritu sanador, tierno Dios, para que mi espíritu respire de nuevo.
Y entonces reviva y vuelva a sentir esperanza y amor.
Te pido todo esto y todo lo que tú puedas ver que necesito.
Amén.

ORACIÓN POR SANIDAD DE LA VIOLENCIA

Autora: Irene St. Onge

¡Jesús, sánanos!
Oficiante: Jesús, amante de la humanidad, tú sanaste a la hija de la mujer sirofenicia, una extranjera que vino a ti, un maestro judío. Con tu don de vida, nos mostraste que somos un solo pueblo, y que todos merecemos ser amados. Ahora venimos a ti, madres en espíritu, orando por la curación del mundo diciendo:
Todos: Jesús, sánanos.
Oficiante: Por este país que sufre de las heridas que se infligió por el racismo, la codicia, el genocidio de sus pueblos indígenas y la opresión del pobre; enséñanos que la grandeza sólo puede residir en la justicia, la generosidad y la compasión. Te pedimos:

Todos: Jesús, sánanos.
Oficiante: Por la paz entre todos los pueblos, que los huesos secos encontrados en los campos de batalla y en las fosas comunes cavadas por los tiranos se alcen como una humanidad resucitada, comprometida con la paz y el bienestar de toda la tierra. Te pedimos:
Todos: Jesús, sánanos.
Oficiante: Por tu iglesia dividida, que comete crasos errores y a menudo es intolerante, nos frotamos los ojos con la esperanza de aclarar la vista y fijarla siempre en ti. Nos perdemos en medio de la desilusión, el temor y la duda. Envíanos la luz de tu sabio Espíritu que nos guía, tu amor sanador. Te pedimos:
Todos: Jesús, sánanos.
Oficiante: Por todas aquellas personas que necesitan curación y nuestras oraciones (se nombran). Elevamos ante tu misericordia a todos los seres vivientes y te damos gracias por la vida de todos nuestros seres queridos.

VIGILIA-ORACIÓN POR EL DÍA SOBRE LA VIOLENCIA QUE SUFREN LAS MUJERES

Autora: Inés Simeone

Llegamos cantando: «Ven Espíritu Santo» (L. y M. Louis Marcelo Illenser Trad. Red de Liturgia CLAI)

Ven, Espíritu Santo, ven atiende nuestro llamado,
ven, y enséñanos cual pueblo en esperanza liberado.

Lectura bíblica: Así dice el Dios: Practiquen el derecho de la justicia. Liberen al oprimido del poder del opresor. No maltraten ni hagan violencia al extranjero, ni al huérfano ni a la viuda, ni derramen sangre inocente en este lugar. (Jer 22:3)
Jesús dijo: «...yo he venido para que tengan vida y la tengan en abundancia.» (Jn 10:10b) ¿Han seguido las palabras de Jesús los cristianos y cristianas?

Lectura del texto: para reflexión a través de la historia. Intercalar los ejemplos con oraciones y el Kyrie Eleison:

Canción: Kyrie Eleison (Rodolfo Gaede Neto, Brasil. Trad. Juan Gattinoni)

Imploramos tu piedad, oh buen Dios,
Por quien sufre en este mundo, a una gime toda la creación.
Tus oídos se inclinen al clamor de tu gente oprimida,
Apura, oh Dios, tu salvación.
Sea tu paz bendita y hermanada a la justicia,
que abrace al mundo entero: ten compasión!
Que tu poder sustente el testimonio de tu pueblo.
Tu Reino venga hoy. Kyrie Eleison.

El clamor: «Pero yo clamaré al Dios y el Dios me salvará» (Sal 55:16)
A veces oramos con nuestro testimonio, por eso proponemos traer situaciones actuales de violencia contra mujeres. (Se pueden usar para este momento testimonios personales, recortes de diarios o revistas, alguna película...). Intercalar con oraciones y la canción *Óyenos Dios* (George Whelpton, 1847-1930)

Óyenos, Dios, oye la oración.
Inclínate, oh Dios, y danos tu paz. Amén

La esperanza: «Oí una potente voz que decía: ¡Aquí, entre los seres humanos, está la morada de Dios! Él acampará en medio de ellos, y ellos serán su pueblo Dios mismo estará con ellos y será su Dios. Él les enjugará toda lágrima de los ojos. Ya no habrá muerte, ni llanto, ni lamento, ni dolor, porque las primeras cosas han dejado de existir.» (Ap 21:3-4)

¡Despierta, despierta, Débora! Y entona una canción! (Jue 5:12)

¿Cómo podemos despertarnos hoy, y cambiar la situación de violencia? Compartir proyectos, «sueños» puntuales que construyan un cambio en la situación. Intercalando el compartir y/o construir los sueños se canta: *Danos esperanza y paz* (Gerardo Oberman)

Danos esperanza y paz, danos fe y tu bendición, danos la luz de tu mirada, danos tu amor.

Nos vamos orando y cantando:

Oración de Intercesión- Danos Dios (Inés Simeone)
Danos Dios,
la fe que mantiene viva
nuestra esperanza de vida (abundante)
para todos, para todas.

Danos Dios
la fe que nos hace nuevos,
para enfrentar los dolores (los que vienen de adentro y que nos llegan de afuera)
de todos y de todas.
Danos Dios
la fe que nos une a todos/as,
en el servicio a quien sufre (todos los males)
por todo.
Danos Dios,
la fe que nos compromete
con la justicia y libertad (realización del Reino - la paz integral)
para todos, para todas.
Danos Dios la fe que nos da las fuerzas
para enfrentar los dolores de todos y todas.
Danos Dios,
la fe que necesitamos
para amarnos en todo
a pesar de todo. Amén.

Canción *La mano de Dios* (Patrick Prescod y Noel Dexter)
La mano de Dios en nuestro mundo está, actuando con gracia y con poder.
La iglesia puede ver el gran acontecer de la poderosa mano de Dios.
La mano de Dios en nuestro mundo está, derriba estructuras de opresión.
Será la destrucción de toda explotación por la poderosa mano de Dios.
La mano de Dios en nuestro mundo está, creando una nueva sociedad,
con paz, con hermandad, justicia y libertad, por la poderosa mano de Dios.
La mano de Dios en nuestro mundo está mostrando su modo de vivir:
servir, también sufrir, por otros aun morir, sostenidos por la poderosa mano de Dios.
La mano de Dios en nuestro mundo está, forjando una nueva humanidad.

Tenemos que luchar y juntos trabajar, con la poderosa mano de Dios.
La mano de Dios en nuestro mundo está, obrando con juicio y con amor.
La iglesia, sin temor, se une con valor a estas obras de la mano de Dios.

ORACIÓN PARA DERRIBAR MUROS DE HOSTILIDAD TODO PARA LA VIDA

Autor: J. Jayakira

Dios misericordioso
y lleno de gracia,
nos mantienes alertas
y nos sorprendes
nos despiertas de la despreocupada
complacencia
nos revelas tu presencia
en lugares inesperados
en momentos inusitados
a través de personas insospechadas
y de forma inesperada.
Mientras reflexionamos
sobre la realidad de la violencia
en nuestras sociedades,
mientras analizamos la violencia
que experimentó tu Hijo
haznos receptivos y sensibles,
mantennos despiertos
y alertas a las exigencias
del Evangelio,
dedicándonos de nuevo
a vivir la fe en la acción
trabajando en pos de la
restauración de la integridad
y de la posibilidad de la sanación.
Oramos en y a través
del Jesús presente

y del que vendrá,
cuya muerte derribó los muros
de la hostilidad.
Amén.

Tomado de *La Voz*, revista de la Alianza de Iglesias Presbiterianas y Reformadas de América Latina (AIPRAL), Año XII, n° 33, diciembre 2003.

ORACIÓN DE CONFESIÓN A PROPÓSITO DE LITURGIA Y GÉNERO

Autor: Mendelson Dávila

Dios, ¡perdona nuestras acciones de violencia en contra de las mujeres!

Cuando vemos en los noticieros televisivos a hombres agrediendo de manera física, verbal o psicológica a sus mujeres, por un lado sentimos coraje por esas actitudes de cobardía pero también sentimos vergüenza, porque todos los seres humanos llevamos ese germen muy dentro de nosotros, debido a que hemos desarrollado una cultura machista, la cual expresamos en diferentes formas, pero siempre de manera violenta.

Dios, ¡enséñanos a respetarlas porque también son hechas a tu imagen y semejanza!

¡Enséñanos a vivir en armonía con ellas y a desarrollar relaciones justas, fraternas y respetuosas!, pues no queremos heredar a nuestros hijos e hijas esas actitudes de dominio, arrogancia y prepotencia porque ellos y ellas son el reflejo de sus padres y no queremos continuar reforzando y promoviendo ese ciclo de violencia y de maldición.

¡Enséñanos a amarlas como tu nos amas!,

¡Enséñanos a reconocer sus dones y su sentido de complementariedad!, porque el hombre y la mujer se necesitan mutuamente para amarse y sentirse realizados.

¡Restaura en nosotras esa espiritualidad de antaño!

Cuando nuestros primeros padres y madres vivían en esa etapa de paz e inocencia! y que el Espíritu Santo, que ordenó el caos existente en el principio de la creación, nos ilumine y nos guíe para ser más humanos cada día. Amén.

Día Internacional de la Mujer Trabajadora (8 de marzo)

Autora: Judith VanOsdol

El 8 de marzo: ¡No Romantizar!

No malinterpretemos, a muchas mujeres nos fascinan las flores, la música, la poesía y otras expresiones románticas. Pero el 8 de marzo no es un día para romantizar a la mujer, y menos aún para regalarle flores al menos que esto se entienda como un acto solidario.

El Día Internacional de la Mujer NO ES:
- Un día para proclamar la belleza de la forma femenina.
- Una excusa para piropear.
- Un día para poner a la mujer sobre un pedestal.
- Elogiar cuan noble, sacrificada, sufrida, etcétera, que era, es y será. Quizás eso último sea lo más tentador ya que apela a nuestro sentido de victimización.

Sin embargo, cada uno de los ejemplos mencionados más arriba profundiza la tendencia de objetivizar y deshumanizar a la mujer, cuando el objetivo del día es ser solidarias y solidarios con la lucha de las mujeres en su vida y trabajo en la sociedad y comprometerse con la búsqueda de su liberación y dignificación.

El 8 de marzo SÍ ES:
- La alemana Clara Zetkin demandó instituir el Día Internacional de la Mujer para reclamar los derechos de la mujer.
- Un recordatorio de fechas históricas referidas a las luchas, protestas y matanzas de mujeres en la lucha por sus derechos. En este día se recuerdan hechos que recogen hitos a lo largo de los siglos:
- La participación femenina durante la Revolución Francesa en 1789, que exigía «libertad, igualdad y fraternidad».
- La lucha de unas trabajadoras estadounidenses de la industria textil por sus pésimas condiciones de trabajo en 1857, reprimidas por la policía a palos donde muchas murieron.
- El primer congreso de la Asociación Internacional de Trabajadores en 1866 que aprobó la participación del trabajo profesional de las mujeres.

- La Conferencia de Mujeres contra la Primera Guerra Mundial, de 1899 en los Países Bajos que definió el carácter antibélico de las movilizaciones femeninas
- Protesta de mujeres obreras en la industria textil de EE.UU. que ocuparon una fábrica en Nueva York en 1908. Pidieron un día de trabajo de 10 horas (en aquel entonces ellas trabajaban 16 horas diarias). Los dueños de la fábrica respondieron incendiando la fábrica y quemándolas vivas, murieron 129 mujeres.
- Una conferencia Internacional de las Mujeres Socialistas en 1910 en Copenhague, Dinamarca, en políticos, civiles y económicos de todas las mujeres en el mundo. Zetkin propuso el 8 de marzo.
- Manifestación masiva de mujeres rusas en 1917, donde precipitaron la revolución, protestando contra la guerra, «por pan y paz» (el 8 de marzo, el zar fue obligado a renunciar y con el gobierno provisional, las mujeres lograron el derecho al voto).

Cuando idealizamos el Día Internacional de las Mujeres, minimizamos e ignoramos la lucha de éstas y muchas otras lideres en la sociedad que tiene más que dos siglos de expresión en las esferas públicas.

Uno de los primeros textos conocidos que reconoce los derechos de la mujer como ser humano pleno es la pequeña obra clásica: «Vindicación de los Derechos de la Mujer» por Mary Wollstoncraft, del año 1792. Ella misma fue inspirada por la revolución francesa, pero llegó a la conclusión que la exclusión de las mujeres del famoso «libertad, igualdad y fraternidad» no fue casual.

La lucha por la vindicación de los derechos de las mujeres tiene más que dos siglos de expresión, y sigue siendo una necesidad en el nuevo milenio. No buscamos culpables buscamos caminos de cambio. A su vez, necesitamos más personas, varones y mujeres de buena voluntad, que se comprometan con esta lucha.

Dentro de muchas iglesias evangélicas hay instancias que reconocen la necesidad de una voz que defienda y busque la justicia entre hombres y mujeres. Tenemos nada menos que la Palabra de Dios que, desde el primer capitulo de Génesis, proclama que el hombre y la mujer portan la imagen y semejanza de Dios por igual. También leemos que Dios da «dominio» cuidado y mayordomía de la creación a los dos sexos por igual.

En este Día Internacional de las Mujeres comprometámonos a buscar caminos de cambio, orar por la paz, superar la violencia y participar en un movimiento global que busque defender y dignificar a cada persona creada en la imagen y semejanza de Dios.

Reflexión y oración Día Internacional de la Mujer

Autora: Inés Simeone

Día Internacional de la Mujer, un momento único para reflexionar sobre como ha sido nuestra vida de mujeres, para conversar con nuestras amigas y compañeras sobre las luchas que nos unen, para el diálogo con nuestros hermanos, hijos, compañeros, padres, maridos, amigos sobre todo lo que podemos construir –en unidad– para superar las dificultades que todavía tenemos que enfrentar, para celebrar las victorias que construir juntas y juntos.

Hoy, además del saludarnos por el día especial, encarar el desafío a la armonía de relaciones, compartir un poco de la historia de la lucha de las mujeres también me gustaría recordar y dar gracias por la resistencia, en favor de la vida, que han venido haciendo las mujeres a través de los tiempos.

Un panorama de la resistencia de las mujeres a través de los tiempos.

Hace ya algunos años que los y las historiadoras venimos investigando la participación de las mujeres a través de los tiempos. Como se sabe, lo que estaba registrado –y era contado como verdad absoluta- venía de las voces oficiales que eran casi siempre masculinas. Y en esa recuperación de las voces olvidadas (y en ese caso no es sólo la mujer la olvidada, sino también todos los grupos excluidos de la sociedad en todos los tiempos), hay una obra histórica llamada «Historias de las mujeres en la antigüedad» que presenta –entre otras – un relato sobre las mujeres griegas. Cuenta que un gran grupo de mujeres griegas habían sido llevadas –como botín de guerra– para la plaza del pueblo ganador. Y allí dejadas durante la noche provocaron la preocupación de las mujeres del lugar. Las habitantes del pueblo (enemigo) se juntaron y organizaron y juntas sacaron a las mujeres prisioneras de la plaza y las llevaron hasta el camino para volver a su ciudad. Al día siguiente, cuando los hombres fueron a ver «su botín» se encontraron que ya no estaban más...

¡Reacción y resistencia a una acción de prisión, dominación! ¡Reacción frente a una costumbre muy antigua de tomar como botín de guerra a las mujeres de los vencidos!

Entre otras muchísimas historias vale recordar a las parteras de las mujeres hebreas en Egipto (Éx 1:15 a 22). Las ordenes del Faraón fueron desobedecidas y un pueblo fue salvo –en su descendencia– por el acto de coraje y desafío de un grupo de mujeres.

¡Reacción y resistencia a la orden del «todopoderoso» jefe absoluto! ¡Reacción y resistencia a la costumbre muy antigua de obedecer sin cuestionar!

Agar, Débora, Judith, Ruth... María, la mujer samaritana, María de Magdala... las mujeres conocidas y las anónimas que murieron por defender y luchar por el derecho a ser (entre ellas muchas consideradas «brujas»).

¡Reacciones y resistencias a las costumbres arraigadas, a las dominaciones, a los abusos, a la muerte por violencia a cuenta gotas!

Debemos agradecer mucho por la vida de todas estas mujeres que abrieron caminos para lo que somos hoy. Sería muy bueno que cada una de nosotras (los hombres presentes se pueden –y deben– sentirse incluidos) se pusiera a refrescar la memoria y recordar nombre de mujeres –en su vida– que fueron simientes de resistencia y lucha.

¿Podemos compartir nombres?

Cantamos con gratitud: Gracias Dios (Jorge A. Lockward)
//¡Gracias, Dios!// por tu bondad, tu poder, por tu amor, gracias, Dios.

Reconstruir la historia del 8 de marzo (adaptación de texto de Renate Gierus, Mestre em Teología da IECLB)
La fecha de esta celebración nos remite al incendio que causó la muerte de 129 obreras en una industria textil de Nueva York, el 8 de marzo de 1857. El motivo de este violento hecho fue la huelga de las mujeres que pedían: una disminución en la jornada de trabajo y equidad en lo salarial. Sus patrones se sintieron amenazados por sus acciones y su organización, por lo tanto

trancaron a las mujeres adentro de la fábrica y las quemaron vivas.

Se hace necesario mencionar que este no fue el único motivo para marcar el 8 de marzo como día Internacional de la Mujer. Según afirman las investigadoras italianas, Tilde Capomazza y Maria Ombra, «No fue este el único hecho o un único día de lucha que justifica el Día Internacional de la Mujer. Fueron innumerables luchas enfrentadas a lo largo de muchos años de historia».

Algunas de estas resistencias que motivaron y movieron a las mujeres y provocaron un movimiento mundial –concentrado simbólicamente en el día 8 de marzo, son las siguientes:

a) Lucha por la paz: Julia Hard (Estados Unidos), propone un día internacional como testimonio del pacifismo de las mujeres.

b) Lucha por el voto femenino: en Stuttgart, 1907, Clara Zetkin logró que se aprobara, en las resoluciones del congreso, la lucha por el derecho del voto femenino, para ser asumida por todos los partidos socialistas.

c) Día de la Mujer en América: Corinne Brawn sugirió que en el último domingo de febrero de 1909, en todas las secciones locales del partido socialista de Chicago, se organizaran en manifestaciones por el voto femenino.

d) El levante de las 20.000 en 1909, en Nueva York, hubo una huelga de modistas, que se mantuvo hasta febrero de 1910. En ese año, el Día de la Mujer se celebró en y las huelguistas se unieron a las socialistas y sufragistas en una verdadera multitud, que consolidaba el Día de la Mujer (en EE. UU.) en el último domingo de febrero.

e) Día Internacional de las Obreras: en marzo de 1913 se realizo en Petersburgo, Rusia, el Día Internacional de las Obreras. Hubo represión policial y, al año siguiente, la manifestación no se pudo realizar.

f) Sublevación de Petrogrado: en febrero de 1917, obreras y campesinas rusas hambrientas, fueron a las calles para exigir pan para sus hijos e hijas y el retorno de sus maridos de las trincheras de guerra. Este levantamiento de las mujeres desembocó en la revolución de octubre de 1917.

A este grupo de mujeres que se expusieron, resistieron y arriesgaron. Por sus vidas también damos gracias.

Cantamos con gratitud: Gracias Dios (Jorge A. Lockward)
//¡Gracias, Dios!// por tu bondad, tu poder, por tu amor, gracias, Dios.

¿Cuál es la situación hoy?

- ¿Cuál es la situación de las mujeres? Ver imágenes (mujeres y familias).
- ¿Cómo se dan las relaciones de genero? (escuchar y compartir).
- ¿Cómo participamos las mujeres en los procesos de construcción de la armonía de las relaciones? (escuchar y compartir).
- ¿Cómo participamos las mujeres en la educación – junto con nuestros compañeros? (escuchar y compartir).
- ¿Estamos conscientes y organizadas? (escuchar y compartir).
- ¿Hay reacciones y resistencias? (escuchar y compartir).

Oramos cantando: Kyrie Eleison (Rodolfo Gaede Neto)
Imploramos tu piedad, oh buen Dios, por quien sufre en este mundo.
A una gime toda la creación.
Tus oídos se inclinen al clamor de tu gente oprimida
Apura, oh Dios, tu salvación.
Sea tu paz bendita y hermanada a la justicia.
Que abrace al mundo entero: ¡ten compasión!
Que tu poder sustente el testimonio de tu pueblo.
Tu Reino venga hoy. Kyrie Eleison.

El desafío de reaccionar y resistir

El desafío de reaccionar y resistir buscando la armonía de las relaciones Jesús, su vida, su mensaje, su ejemplo muestra que la vida abundante es para todos –hombres, mujeres, niños y niñas, grupos excluidos y marginados de la sociedad. Eso fue una propuesta– y proyecto –revolucionario para aquel momento. En un tiempo en que la mujer no era contada, ni escuchada, ni considerada Él las contó, las escuchó y las consideró... y hubo discípulas (que no fueron contadas), y voces (que no fueron registradas) y presencias (no consideradas)... Y las llenó de esperanza, coraje y fuerza. Y eso nos fue legado... sin considerar las terribles experiencias y ejemplos «cristianos» a través de la historia dominadora, castradora y violenta de los «Padres» de la Iglesia. Hoy tenemos el compromiso de vivir el verdadero mensaje de Jesús y luchar, reaccionar y resistir a favor de la vida abundante ¡para todas las personas!

Lectura colectiva: Mujeres de esta tierra (E. Sosa Rodríguez – Venezuela)

Traemos aquí este canto, venimos a celebrar, nuestra vida de mujeres viviendo en comunidad.

Mujeres de esta tierra:
• Con derecho a pensar, con derecho a vivir, con derecho a soñar.
• Mujeres de esta tierra, con derecho a criar, derecho a ser respetadas, derecho a saber luchar.
• Juntemos nuestras manos con las de los compañeros.
• Si celebramos unidos/as amanecerá primero!

CELEBRACIÓN CON PERSONAS PORTADORAS DE DISCAPACIDAD

Autor: Amós López

Confesión de pecados

Celebrante: Señor, confesamos nuestro pecado cuando no reconocemos tu imagen en todas las personas, sobretodo en aquellas que portan alguna discapacidad.

Pueblo: Dios de amor, perdona nuestra ceguera.

Celebrante: Confesamos nuestro pecado cuando levantamos los muros que encierran a las personas con discapacidad y limitamos su acceso a todos los espacios, sus derechos a la vida plena como todo ser humano.

Pueblo: Dios de amor, perdona nuestras limitaciones.

Celebrante: Confesamos nuestro pecado cuando miramos con lástima o indiferencia a las personas con discapacidad, pensando que son más vulnerables, más débiles o menos capaces.

Pueblo: Dios de amor, perdona nuestra compasión estéril.

Celebrante: Confesamos nuestro pecado cuando nos somos una comunidad inclusiva, cuando no abrimos oportunidades de participación y realización para las personas con discapacidad, cuando no les permitimos compartir sus dones y así completar el cuerpo de Cristo.

Pueblo: Dios de amor, perdona nuestro egoísmo.

Celebrante: Confesamos nuestro pecado cuando consideramos a las personas con discapacidad como un grupo homogéneo, sin respetar las diferencias individuales.

Pueblo: Dios de amor, perdona nuestra incomprensión.

Celebrante: Confesamos nuestro pecado cuando causamos el surgimiento de discapacidades en muchas personas por causa de las guerras, los accidentes, el desequilibrio medioambiental, la falta de atención médica básica y otras formas de violencia.

Pueblo: Dios de amor, perdona nuestra falta de responsabilidad.

Celebrante: Confesamos nuestro pecado cuando las prioridades de nuestra misión como iglesia no tienen en cuenta a los 600 millones de personas que en el mundo de hoy son portadoras de discapacidad.

Pueblo: Dios de amor, ayúdanos a revisar nuestra vida, y responder con fidelidad y compromiso a la pregunta más importante: ¿Donde está tu hermano y tu hermana?

LETANÍA DEL PODER DE LAS MUJERES (1)

Autora: Ann M. Heidkamp

Espíritu de vida, hoy recordamos a las mujeres renombradas y anónimas, quienes, a través del tiempo, han usado el poder y los dones que les diste para cambiar el mundo. Invocamos a estas antepasadas a que nos ayuden a descubrir en nosotras este poder y la manera de usarlo para traer el Reino de justicia y paz. Recordamos a Sara, quien con Abraham contestó el llamado de Dios a dejar su tierra natal y poner su fe en un pacto con el Dios. Oramos por su poder de fe.

Recordamos a Esther y Débora quienes por hechos de valor individual salvaron la nación.

Oramos por la fuerza de su valor al actuar para bien de muchos.

Recordamos a María Magdalena y las otras mujeres que siguieron a Jesús a quienes no se les creyó cuando anunciaron la resurrección. Oremos por su poder de creer al enfrentar el escepticismo.

Recordamos a Febe y a Priscila y a las otras mujeres que fueron líderes de la iglesia primitiva.

Oramos por su poder de difundir el Evangelio e inspirar a otras congregaciones.

Recordamos a las abadesas de la Edad Media que mantuvieron viva la fe y el conocimiento.
Oramos por su poder de liderazgo.

Recordamos a Teresa de Ávila y Catalina de Siena que desafiaron la corrupción de la iglesia durante el Renacimiento.
Oramos por su poder de inteligencia y franqueza.

Recordamos a nuestras madres y abuelas cuyas vidas dieron forma a la nuestra.
Oramos por el poder especial que ellas trataron de pasarnos.

Oramos por las mujeres que son víctimas de la violencia en sus hogares.
Que les sea concedida la fuerza de vencer el temor y buscar soluciones.

Oramos por aquellas mujeres que enfrentan una vida de pobreza y desnutrición.
Que les sea concedido el poder de esperanza de trabajar juntas para una vida mejor.

Oramos por las mujeres que hoy en día son las «primeras» en abrir brechas.
Que les sea concedido el poder de perseverar y abrir nuevas posibilidades para todas las mujeres.

Oramos por nuestras hijas y nietas.
Que les sea concedido el poder de buscar una vida que sea inconfundiblemente de ellas.

(Agregue aquí cualquier mujer que le gustaría recordar o por quien desearía orar.)

Todas: Hemos celebrado el poder de muchas mujeres del pasado y del presente. Ahora nos toca celebrarnos a nosotras mismas. En cada una de nosotras existe esa misma vida, luz y amor. En cada una de nosotras está la semilla de poder y gloria. Nuestros cuerpos pueden tocar con amor, nuestros corazones pueden sanar, nuestras mentes pueden discernir la fe, la verdad y la justicia.
Espíritu de vida, ven con nosotras en nuestra búsqueda. Amén.

CELEBRACIÓN CON INMIGRANTES

Autora: Mónica Tompkin

Momento de oración

Guía: Oh Dios, que creaste a todos los pueblos a tu imagen, te damos gracias por la maravillosa diversidad de razas y culturas en este mundo.

Todos: Enriquece nuestras vidas con crecientes lazos de fraternidad, y muéstranos tu presencia en aquellos que mas difieren de nosotros hasta que nuestro conocimiento de tu amor sea hecho perfecto en nuestro amor hacia todos tus hijas e hijos.

Guía: Te pedimos por los gobiernos de todo el mundo y sus políticas inmigratorias para que sean concientes de las necesidades y derechos de los que inmigran.

Todos: Anímalos en la búsqueda de facilitar la inserción de los inmigrantes y su reconocimiento en el país donde se establecen. Infunde en ellos el compromiso de crear puentes y no barreras.

Guía: Oramos por el trabajo de todos los organismos que se ofrece en tu servicio a favor de la causa de los inmigrantes.

Todos: Para que tengan los recursos y la visión necesaria para llevar a cabo su misión.

Guía: Dios de la vida compañero de quienes que migran por causas económicas políticas y sociales y las desplazadas, te alabamos y adoramos porque te conocemos como el que oye el clamor de quienes que sufren, caminas con los peregrinos y entiendes su padecer.

Todos: Escucha y atiende nuestros ruegos por aquellas personas que lejos de sus familias, amigos y cultura, se sienten solas, sufren privaciones y viven angustiadas por su situación. Consuela y alivia su pesar.

Guía: Pensamos en especial en las personas indocumentados, viviendo escondidas y con temor, privadas de libertad y muchas veces oprimidas por la explotación.

Todos: Dales valor y coraje para buscar ayuda y encontrarla. Haz justicia te pedimos Señor.

Guía: Oh Dios, creador de vínculos y sanador de lazos que se quiebran al decir migrar y que estás también en los lazos nuevos que se crean en la nueva comunidad.

Todos: Guía nuestras vidas para que al centrarnos en ti, lleguemos a ser comunidades más solidarias y podamos enfrentar las realidades que nos tocan vivir buscando el bien común.

Guía: Es en espíritu de amor y paz entre hermanos y hermanas que nos hemos unido ante ti, oh Altísimo, Dador de toda buena dádiva, Sustento de nuestra Paz. Ayúdanos a reconocer y aceptar nuestras diferencias para hacer de esta gran casa en que nos pusiste a vivir un mundo más fraterno.

Todos: Alienta nuestros corazones hoy, con la esperanza de un mundo mas justo y solidario. Y envíanos como portadores de tu amor y paz. ¡Oh Dios! Escucha nuestra oración y concede en todo el mundo tu eterna paz.

LITURGIA MUJERES, TODO PARA LA VIDA

Introito: Hoy estamos reunidas en el nombre del Dios de la vida, para celebrar juntas al Dios Padre-Madre, quien nos cuida, guía y protege. Exaltamos al Dios de la vida, que es quien nos convoca en su inmenso y santo amor y por él nuestro corazón se ensancha de alegría y aporta todo para la vida.

Preludio: (Una melodía suave que la congregación conozca y que en lo posible haga mención al amor de Dios)

Llamamiento a la adoración: Sal 84
«Cuán amables son tus moradas oh Dios Jehová,
nuestra alma anhela ardientemente estar en tu casa.
Nuestro corazón y nuestra carne cantan al Dios vivo».
«Los pajarillos: el gorrión y la golondrina,
tienen nido y casa para poner sus polluelos,
cerca de tus altares, oh Jehová, Rey y Dios nuestro».
«Bienaventuradas todas aquellas mujeres que están en tu casa.
Ellas te alabarán por siempre».
«Cuando las mujeres atraviesen el valle de las lágrimas
tú lo transformarás en fuentes de vida.
Las mujeres irán de poder en poder y verán a Dios en Sión».

Canto congregacional: (La iglesia local lo elige. En lo posible que sea un canto que haga referencia al tema desarrollado en la liturgia).

Momento de confesión: Te pedimos perdón Dios de todo cuanto existe, porque en el momento de la crisis tendemos a alejarnos de ti o a culparte, buen Dios, por las decisiones crueles de los seres humanos frente a los otros seres del mundo. Perdónanos y ayúdanos a confiar en ti de corazón, cuerpo y mente. Amén.

Responso: (La congregación lo elige).

Saludo de paz y bienvenida: Dos mujeres estarán al frente y a una voz dirán: «Mujeres y hombres, niñez y juventud, sigamos pues, todo aquello que contribuya a la paz y a la mutua edificación» (Ro. 14:19).

Reciban en el nombre de nuestro Dios de la vida un saludo de sororidad y una bienvenida a su casa.

Estrechemos nuestros cuerpos como hermanas y hermanos que somos y bendigámonos mutuamente.

Canto congregacional (La iglesia local lo elige. En lo posible que sea un canto que haga referencia al tema desarrollado en la liturgia).

Momento simbólico de gratitud: En la mesa del centro, tener listas una gran variedad de frutos de la tierra como por ejemplo frutas, semillas, pan ...

Distribuir, con anticipación, unas frases de gratitud para que las mujeres las lean.

1. Gracias al Dios de la vida por estos frutos que hoy nos presenta, porque gracias a ellos, hoy tenemos fuerza para continuar con la vida.

2. Gracias a Dios por este regalo que florece en la tierra, porque aprendemos que a pesar de la violencia, la esperanza renace cada día en los corazones que aman a Dios.

3. Gracias a Dios por los frutos de la tierra, porque al igual que ellos, nosotras contribuimos para que la vida sea una realidad en nuestras comunidades.

4. Gracias a Dios por los frutos de la tierra, porque estas maravillas las podemos compartir con quienes sufren por no tenerlas en sus mesas.

5. Todas las mujeres que están al frente: A nuestro Dios sea la honra, y a él ofrecemos los frutos de la tierra y todo lo que tenga vida. Amen.

Cada mujer pasará al frente, señalará la mesa donde están los frutos de la tierra y expresará la acción de gracias.

Momento de adoración y alabanza: (La iglesia local elige. En lo posible que sean cantos que hagan referencia al tema desarrollado en la liturgia).

Un credo desde la mujer

Creemos en la bondad y el valor de las mujeres.
En nuestra fuerza y salud,
en nuestra capacidad de llorar.
En nuestra capacidad para sostenernos mutuamente
en lugar de ser rivales.
En nuestra capacidad de responder a las demandas
de los hijos y cargar con el peso de la vida diaria.
En nuestra apertura y fuerza para seguir trabajando.
En nuestro ser espiritual y terrenal, lleno de vida, nacimiento,
muerte y resurrección.
Afirmamos la historia de las mujeres como la historia de la humanidad.
Somos recolectoras de frutos,
campesinas, criadoras, costureras, obreras,
madres, científicas, médicas,
amas de casa y economistas.
Damos la vida, somos trabajadoras ocultas,
sin salario en casa
y trabajadoras asalariadas fuera de la casa.
Reconocemos esta diversidad y versatilidad,
nos alegramos en nuestra intuición
y en nuestra lógica.
Confesamos nuestras fallas, nuestra fragilidad
pues hemos aceptado la violencia y la injusticia
en las relaciones entre hombres y mujeres.
Esperamos el futuro con fe y esperanza,
trabajando porque llegue el día
en que nosotras y todas nuestras hermanas
ya no tengamos que adaptarnos al estereotipo,

sino que seamos libres
para expresarnos tal como somos.
Y para compartir todos los beneficios
de la vida humana y del trabajo
Esperamos el tiempo de paz,
cuando la violencia desaparezca
y hombres y mujeres podamos amar
y ser amados o amadas.
Y el trabajo y la riqueza de nuestro mundo
sean justamente compartidos.

Momento de la Palabra

Oración por iluminación

Lectura de la Palabra
Antiguo Testamento Génesis 16:1-16 21:9:21
Nuevo Testamento Lucas 13:10-17

Responso

Reflexión: (Preferiblemente que sea dirigida por una mujer)
Ideas que pueden ser desarrolladas en este momento:

- Mujeres víctimas de violencia de muchas formas: social, racial, verbal, cultural, sexual.
- Dios se presenta a las mujeres como liberador de su realidad de opresión y de violencia.
- Las mujeres reconocen su realidad y enfrentan su situación.
- La presencia de Dios en nuestras vidas como mujeres se hace mucho más real cuando reconocemos nuestra situación y nos comprometamos con los cambios de nuestras sociedades: iglesia, familia, país y por supuesto los personales.
- Dios es el Dios de la esperanza y de las transformaciones. Este es el Dios de las mujeres que sufren violencia.

Canto de compromiso (Se propone el siguiente canto que tiene la música de la canción *Yo tengo fe*. Si no es conocido pueden elegir otro)

Yo soy mujer
Yo soy mujer en busca de igualdad
No aguantaré ni abuso ni maldad,
Yo soy mujer y tengo dignidad y
Pronto la justicia ya será una realidad.

Por eso hoy, yo vengo hasta aquí,
Buscando en mi la fe que tengo en ti,
Con esta fe podremos caminar,
En lucha de justicia llegará la libertad.
Toda mujer que quiere compartir,
alza los brazos y grita que ahora sí.
Somos la vida, la fuerza, la mujer,
en marcha de justicia lograremos la unidad.

Oración final

Tendrán preparado un mapa del país ubicado en la parte de enfrente. Algunas mujeres y hombres tendrán listas unas oraciones escritas en trozos de papel pidiendo por la paz de su país y su situación de violencia contra hombre-mujeres-niñez-juventud ... Cuando sea leída la oración se pegará en el mapa. Al final se dirigirá una plegaria por todas las mujeres que pasan por la misma situación de injusticia y violencia.
Amén.

Autoras: Iglesia Presbiteriana de Colombia.
Aportado por el Departamento de Mujeres de AIPRAL

TEXTOS BÍBLICOS QUE EXPRESAN DOLOR Y APORTAN CONSUELO

Sal 7:1-4, 6-8,8-11; Sal 10, 12 y 13; Sal 16:7-9; Sal 11, 17, 20 y 23. Sal 22:1-2, 14-15, 23, 27; Sal 25:1-5; 27:1-3,7-9; 30:1-5; 31:14-16; 35:22-28; 38:6-10; Sal 43; Sal 46:1-7; Sal 55:1-8; Sal 62:2-7; Sal 70, Sal 77:1-4, 6-9,11-14; Sal 103:6-8,11, 12; Sal 116:3,4,8-11,15,16; Sal 121; Sal 139:1-24; Sal 143:4-8; Sal 145:13-21.
Is 40; Is 41:10-13; Is 43:1-3a; Is 49:15; Is 52:2,7-10.
Job 21:7, 9, 14-16.
Mt 11:28-30.
Lc 11:5-13.
Ro 8:81-25, 29a, 31-39.
Jn 14:27;16:21-24.

6

El modelaje femenino que hay que imitar

Autores: Ary y Beidy (Cuba), CLAI-CELADEC

Poesías, comidas, ilusiones

Hay gran ajetreo en la comunidad, ¿que será lo que pasa?

Al parecer todas las personas comentan la misma noticia, veo sus caras alegres. Habrán visto un algo extraño... Espera, pero yo no soy nada extraña, porque ya veo que las miradas giran hacia mí.

¿Por qué será? ¿Qué día es hoy?

Parece ser un día normal, como aquellos en que lavaba la ropa, hablaba con las amigas... Pero, ¿qué es lo nuevo?

¿Qué hago aquí?... Las luces no están puestas en ese árbol de mil colores, las ropas no han sido sacadas de los baúles de las abuelas…

¿Será que podré usar mis ropas, que los zapatos que me regaló José podrán recibir algún rayo de luz?

Todo parece indicar que sí. Me han pedido que haga copias del canto que aprendí con mi prima y que solía vivir en mis andanzas.

93

Las noches han vuelto a ser como antes. Poesías, comidas, ilusiones, confabulaciones con los amigos y amigas de Jesús, de ese Hijo con quien vi que mis sueños de mujer joven no eran mentiras.

Estoy de nuevo en mi lugar. Me han sacado de aquel rincón, me han quitado aquellas ropas viejas y gastadas por tantos años de uso.

Ahora llevo las mías, las de mujer, las que hice con mis manos, con los retazos que me regalaron Juana, Susana, y hasta la otra María –la Magdalena. No las que me pusieron quienes querían que yo pronunciara palabras que no conocía, ideas que nunca tuve.

Aquí estoy, pobre y amante de la vida y los sabores…

Pero no quiero estar sola, quiero que caminemos juntos y juntas en armonía.

REENCUENTRO DE JESÚS Y AQUELLA MUJER QUE LO UNGIÓ

Autora: Daisy Rojas Gómez

Lucas 7: 36-50

Mujer, has entrado en casa del fariseo sin pedir su permiso, has caído ante mí y he sentido el tibio contacto de tus labios en mis pies. Me acaricias delante de todos, sin miedo, a pesar de que te observan, te critican, te juzgan.

Cuánta incertidumbre hay en sus miradas ante mi postura de aprobación, ante mi sonrisa que devuelve tu caricia. Cuánta superioridad en su expresión, en su dedo acusador que te señala. Cuánta soledad en tu mirada cuánto te han dañado que vienes a mi tan triste.

No puedo rechazarte, no quiero. Estaría privándome de un bello acto de amor, de una singular manera de hacer tu entrega, de experimentar esta sensación especial. ¿Acaso tu gesto cargado de atrevimiento despierta en mí la alegría de saberme amado? Un amor que reta a los que sólo pregonan un afecto que se queda estático en las palabras, porque la acción muere ante la fuerza de los prejuicios, ante las dudas, la desconfianza.

Cuánta locura encierran tus lágrimas que corren por mis tobillos, humilde ante mí y desafiante ante los que cuestionan las costumbres, la ética, la moral, tu condición de mujer que ha pecado. Secas la humedad de tus lágrimas con el suave contacto de tus cabellos, escena irrepetible por lo tierna, exclusiva, sensual.

No llores más. Para mí no eres «la pecadora», tus pecados ya fueron perdonados.

¿Cómo pueden juzgarte los que nada han hecho en nombre del amor?

¿Cómo detener tu generosa acción de derramar tu valioso perfume, si al fin y al cabo es tu decisión?

Acabas de ungirme, privilegio otorgado por el derecho de haber sido la que más me amó. Ellos ni un beso en la mejilla me han dado, tú no te cansas de besar mis pies.

Seca tus lágrimas, basta de llorar, no importa que ellos no entiendan el misterio de esta escena, nuestro diálogo de amor sin palabras.

No importa que ellos cuestionen mi integridad de hombre o de profeta y apunten una nueva causa contra mi: «andar con pecadoras». No importa. Correré el riesgo porque yo también te amo. ¡Vete en paz!

PALABRERO DE LA MUJER SAMARITANA

Autor: Obed Juan Vizcaíno Nájera

¡No me llames prostituta!
es mucho tiempo siendo calumniada,
no sigan predicando cosas
que hieren mi dignidad.
Llámame mujer,
hermana,
compañera,
amiga,
esto es más apropiado.
Estoy cansada de tanto
ir al pozo al mediodía
y casi al anochecer,
para nada,
porque todos los días

vuelvo a tener sed,
cansada estoy de cargar
el cántaro que se hace
más pesado
con el agua que no se me sacia.
Cinco maridos he tenido
y el que ahora tengo
de nada me sirve.

¡No me llames prostituta!
llámame mujer sufrida,
marginada,
olvidada.
Ya no vengo al pozo acompañada,
me duelen las críticas
de las demás mujeres
que dicen: «¡Ahí va la mujer seca,
la que no da vida,
la que cinco maridos
ha tenido,
y el que ahora tiene
piensa dejarla por ser
un cauce seco
que no da vida!»
¡Cómo me duelen sus palabras!
por eso acostumbro
a venir al pozo
cuando ellas no vienen
vengo sola,
sin compañía,
cuidando de no caerme,
de no tener un accidente.

¡No me llames prostituta!
Soy como muchas de ustedes,
irrespetadas,
explotadas,
abandonadas.
Mi primer marido,

joven hermoso,
mi primera ilusión,
me abandonó,
se fue cansado
de esperar un hijo
me dejó desilusionada,
arrasada,
sola.
Se llevó mi dote
y mi esperanza.
Los otros vinieron
atraídos por mi belleza,
pero se cansaron
de esperar un hijo,
quizás se hubieran decepcionado
si hubiera parido una niña,
quizás hubiera sido
una ofensa mayor.

¡No me llames prostituta!
Respeta mi dolor
y mi soledad.
El pozo es el único lugar
en el cual encuentro
consuelo,
a veces mis lágrimas
se diluyen en el agua
de mi cántaro,
con eso aumenta su peso
mi carga.
Todos y todas me señalan
y en voz baja exclaman:
«¡Ahí va la mujer estéril
que no ha sabido cumplir
su deber de ser madre,
de ser útil!»
Cinco maridos he tenido
y el que ahora tengo
creo que están pensando

en abandonarme,
me rehuye,
me maltrata,
casi no duerme
en la casa.

¡No me llames prostituta!
porque me duele,
me hiere tan hondo
que el dolor me inmoviliza,
me enmudece.
Un día un hombre
de aspecto extraño
estaba sentado en el pozo,
a la hora que acostumbro
recoge el agua.
Pero, ¡era uno de nuestros enemigos!
¿Qué quería?
Me acerqué con desconfianza,
pero él no se movió
me miró de manera extraña,
con amor,
con ternura.
Como si no fuera mi enemigo.
me sonrió,
vi su cansancio,
estaba sediento.
No tenía como sacar agua
de esto pozo profundo.
¡Me pidió agua!,
¡Se atrevió!
Creía que no lo haría,
pero lo hizo
era un enemigo,
porque los de su bando
y el mío ni siquiera
nos hablamos.
No se puso de pie
para demostrar que era

hombre superior a mí
ninguno de mis ex-maridos,
ni el que ahora tengo
habían hecho algo semejante.
se quedó sentado
cuando yo me agaché.
¿Cómo te atreves a pedirme agua?
¿Cómo te atreves a hablarme?
¿Acaso no sabes quién soy?
¿No sabes de dónde soy?
Somos distintos,
tú eres de un bando,
yo de otro.
Tú eres hombre,
yo mujer.
¿Acaso eres diferente
a los demás hombres?
-«Si supieras lo que Dios da»-
me dijo.
¿Qué me ha dado dios?
tan sólo soledad,
discriminación,
desarraigo,
dolor-
-«Si supieras lo que Dios da»- repitió.
No me vuelvas a hablar de ese dios
que no me ha dado nada,
que todo me lo ha negado,
si sólo me hubiera dado un hijo.
-«Si supieras quién es
el que te está pidiendo agua»
¿Quieres agua?
tómala y vete tranquilo.
Yo, ya estoy acostumbrada
a estar sola,
a que los hombres me abandonen
cuando se sacian de mí,
toma tú agua y vete.

Pero él era diferente,
tomó el agua de mi cántaro,
el agua que tenía mis lágrimas
y me sonrió.
Desde ese momento supe
que este hombre
llegó a mi vida
para no irse jamás.
Después de saciar su sed
se me ofreció como pozo,
como caudal.
Me dijo: «quién bebe
del agua que yo le doy,
no volverá a tener sed».
Me ofrecía liberarme
de mi peso,
de mis lágrimas,
de mi soledad.
En ese momento supe
quién era yo,
y de mí broto un manantial
de agua viva.
Dejé de ser estéril,
se rompieron las fuentes
de mi creatividad
rompí mi cántaro,
me liberé de mi carga
mis lágrimas regaron
suelos fértiles.
Pude gritar: «vengan a ver
a un hombre que me ha dicho
todo lo que he hecho,
todo lo que soy».
El Jesús sediento
calmó la sed de mi vida
el Jesús tierno
calmó la sed de mi vida
me explicó todo

me dijo a mí,
a una mujer marginada,
adolorida,
frustrada
lo que él era.
cuando vi su sonrisa
frente a mi rostro,
cuando vi mis ojos,
reflejados en los suyos,
supe que éste era
el verdadero hombre
que estaría conmigo siempre.
El bebió de mi agua,
yo bebí de la suya
y los dos nos saciamos.
Mi cántaro se quedó roto,
ya no me oprime
no me recuerda mi soledad,
quedó en el pozo
que me hacía volver a él
cada día.
Ahora soy fuerte,
soy útil,
soy persona
de mí brota una fuente
de agua viva,
burbujeante,
llena de alegría.

Llámame hermana,
amiga, compañera
madre, esposa.
Llámeme fuente,
río, pozo,
arroyo, lago,
mar, océano.
Llámame por mi nombre,
por lo que soy,
Llámame mujer.

SALMO 12 DESDE LA PERSPECTIVA DE LA MUJER

Autora: Laura Ulloa, OSB

¿Hasta cuándo, oh Dios, seguirán pisoteándome?
¿Hasta cuándo descubrirán en mi rostro tu rostro?
¿Hasta cuándo he de estar oprimida,
y mi voz, sin ser escuchada, todo el día?

¿Hasta cuándo va a triunfar el machismo?

Que me atiendan y respondan
y se iluminen sus ojos,
para que puedan ver en mi imagen tu imagen
para que no diga la sociedad patriarcal:
«la he violado»,
ni saboteen los machos el éxito de mi trabajo.

Porque tú confías en mi capacidad:
yo alegro tu corazón con mi esperanza,
y cantaré a mi Dios porque muy bien me ha hecho

SALMO 133 (PARÁFRASIS DE MUJER)

Autores: CLAI-CELADEC

¡Miren cuánta belleza y dulzura hay
donde las hermanas se reúnen con un solo corazón!

Es como el suave perfume de la cabellera de Miriam
cuando danza con el pueblo para celebrar a Dios
o como el brazo reconfortante de una amiga
que nos acoge.
Porque allí, en medio de ellas,
el Dios está presente
y hace realidad la vida plena.

Grupo de Mujeres de la Iglesia Bautista Shalom (México) © Red
de Liturgia y Educación Cristiana CLAI-CELADEC

7

Sugerencias para el uso del lenguaje inclusivo e integrador

Uso de formas genéricas, evita la utilización de dobles formas.

- El ser humano en lugar de hombre
- Criaturas de Dios en lugar de hijos de Dios
- La niñez en lugar de niños
- La juventud en lugar de jóvenes
- Clientela en lugar de clientes
- Competencia en lugar de competidores
- Personal en lugar de trabajadores o empleados
- Amistades en lugar de amigos
- Ciudadanía en lugar de ciudadanos
- La dirección en lugar de el director
- La prole en lugar de los hijos
- El personal pastoral en lugar de los pastores
- La gente hispana o el pueblo hispano el lugar de los hispanos

Uso de pronombres (uso del quien)
- Quien venga a la iglesia en lugar de los que vengan a la iglesia
- Quienes ofrenden en lugar de los que ofrenden
- Quienes piensan venir en lugar de los que piensan venir

Búsqueda de otro término para expresar lo mismo
- La autora de un libro fundante sobre el tema en lugar de la autora de un libro seminal sobre el tema.
- Algunas mentes avispadas en lugar de algunos autores avispados

Reverbalizar (sustituir los verbos ser y estar por tener y otras formas)
- Tienen un compromiso con la iglesia en lugar de están comprometidos con la iglesia
- Tenemos pasión en lugar de somos apasionados

Eliminar artículos
- Fui con colegas profesionales en lugar de fui con unos colegas profesionales

Velar por el uso simétrico en todo el lenguaje.
- Si decimos los musulmanes para referirnos a los hombres, no debemos decir las mujeres musulmanas para referirnos a las mujeres, simplemente las musulmanas.
- Los pastores y las pastoras en lugar de los pastores y pastoras

Evitar el uso de adjetivos descriptivos
- El importante líder empresarial y su elegante secretaria. Doblemente discriminatorio, describe al hombre en términos de su trabajo y a la mujer en términos de su apariencia física.
- Un rotundo no a las bromas, chistes y comentarios sexistas, racistas, homofóbicos, xenófobos, sobre personas con discapacidad o cualquiera otra forma de lenguaje discriminatorio.

Conclusión

Para atender pastoralmente a las mujeres, no basta con afirmar que son la mayoría de la feligresía, ni con reconocer que hacen los trabajos más arduos y menos reconocidos. Es por eso que hemos presentado herramientas bíblicas, teológicas y prácticas que nos ayuden a trabajar una pastoral integral y pertinente a las necesidades y esperanzas de las mujeres con la ayuda del Espíritu Santo. Sí, el mismo Espíritu que alienta la Iglesia también la impulsa a la renovación del entendimiento, de las prácticas, de su visión y misión para embarcarse en proyectos que sean más acordes con el mensaje de Jesucristo. Las mujeres de fe invitamos a la Iglesia de la que somos parte a una nueva sensibilidad, a compadecerse con nuestros dolores y a celebrar nuestras alegrías. Necesitamos una comunidad de fe que pueda escuchar y luego responder.

Nos ilusionamos con la idea de una congregación que acoja cordialmente a las mujeres, pero también que denuncie con firmeza las políticas injustas y discriminatorias que no dignifican la vida de más de la mitad del cuerpo de Cristo. Vislumbramos una Iglesia que trabaje construyendo estructuras de igualdad, de participación plena, de colaboración y de solidaridad. Tenemos la confianza de que llegará el día en que no haya que conmemorar el «Día de la Mujer Trabajadora», ni el «Día de la no más violencia hacia la mujer», ni el «Día de la Madre», ni que tampoco haya que escribir sugerencias para una pastoral integral para la mujer. Esperamos ese día en que no haya estructuras que excluyan sino que seamos una Iglesia profética, testimonio vivo del evangelio. Las mujeres, como discípulas auténticas, queremos dar credibilidad a la buena noticia de Jesús, al mensaje de paz con justicia. Somos la Iglesia, pertenecemos a ella y la esperanza nos mueve a permanecer en ella.

Lo expresado y trabajado en este libro no agota el tema. Por el contrario, se añade al esfuerzo de muchas otras personas que están seguras que no solamente otro mundo es posible sino que también otra Iglesia es posible. Es por eso que invitamos a re-leer este libro con una actitud de apertura alegre a la acción del Espíritu, quien siempre guiará a su pueblo a toda verdad, a toda justicia y al servicio de la paz.

Oremos…

Padre y Madre nuestra y de cada ser humano que se acerca a ti.

Que llenas el cielo, la tierra y todo el universo de tu gloria.

Santificado sea tu nombre cada vez que se hace justicia a las mujeres de la tierra.

Venga a nuestro dolor tu reino de alegría y sanidad.

Entonces será hecha tu voluntad de bienestar y felicidad para todos y todas.

Queremos probar el pan de la igualdad y repartirlo por el mundo que creaste.

Perdónanos por no haberlo hecho antes y ayúdanos a perdonar y a enderezar a quienes nos deben justicia.

Que no caigamos en la tentación de olvidar a toda la gente que como nosotras ha sufrido discrimen de cualquier clase.

Líbranos de la maldad de la injusticia, del rechazo, del olvido.

Porque tu nos creaste para ser plenas y disfrutar de tu reino, tu poder y tu gloria. Amén.

Agustina Luvis Núñez

Lista de referencias

Bautista, Esperanza.2004. *10 Palabras clave sobre la violencia de género*. Navarra: Editorial Verbo Divino.

Boff, Leonardo. 1996. *Ecología: Grito de la tierra, grito de los pobres*. Buenos Aires: Editorial LUMEN.

Centro Bíblico Verbo Divino. 2002. *¡De La comunidad nace la nueva vida!: Encuentros bíblicos sobre el evangelio de Juan*. Navarra: Editorial Verbo Divino.

González, Justo. 2009. *El ministerio de la palabra escrita*. Nashville: Abingdon Press.

González, Justo y Zaida Maldonado. 2002. *Introducción a la teología cristiana*. Nashville: Abingdon.

Miguez, Néstor. *Estudios Exegéticos Homiléticos 24*. Argentina: ISEDET, Marzo 2002.

Moore, Zoe B. 2002. *Introducing Feminist Perspectives on Pastoral Theology*. Cleveland, Ohio: The Pilgrim Press.

Ruether, Rosemary R. Women Church. *Theology & Practice*. San Francisco: Harper & Row Publishers.

Singh, Priscilla. 2005. *Las iglesias dicen «No» a la violencia contra la mujer: Plan de acción para las iglesias*. Buenos Aires: Iglesia Evangélica Luterana Unida y CLAI.

Tamez, Elsa. 2004. *Las mujeres en el movimiento de Jesús el Cristo*. Quito: CLAI.

_____ ed. 2001. *La sociedad que las mujeres soñamos: Nuevas relaciones varón-mujer en un nuevo orden económico*. San José, Costa Rica: DEI.

Varias autoras y autores. 2008. «De toda palabra: Una invitación a la teología popular». *Colección Cuadernos Teológicos 10*. La Habana: Editorial Caminos.

Varias autoras y autores. 1997. *Tiempo de hablar: Reflexiones en torno a los ministerios femeninos*. México: Ediciones STPM.

Selah http://www.webselah.com/

Red de Liturgia CLAI http://www.clailiturgia.org/

CPSIA information can be obtained at www.ICGtesting.com
Printed in the USA
LVOW122344100512

280991LV00004B/4/P